AÇÃO
CAUTELAR
INOMINADA

1516

G963a Guimarães, Marco Antônio Miranda
Ação cautelar inominada / M. A. Miranda Guimarães.
6. ed. rev. atual. — Porto Alegre: Livraria do Advogado, 2001.
230 p.; 14 x 21 cm.

ISBN 85-7348-206-0

1. Medida cautelar. 2. Processo cautelar. 3. Tutela jurisdicional.

CDU 347.919.6

Índices para o catálogo sistemático

Medida cautelar
Processo cautelar
Tutela jurisdicional

(Bibliotecária responsável: Marta Roberto, CRB-10/652)

M. A. Miranda Guimarães

AÇÃO CAUTELAR INOMINADA

INCLUI AGRAVO, MEDIDAS CAUTELARES NOS
RECURSOS ESPECIAIS e ANTECIPAÇÃO DE TUTELA

SEXTA EDIÇÃO
REVISTA E ATUALIZADA

livraria
DO ADVOGADO
editora

2001

© M. A. Miranda Guimarães, 2001

Capa, projeto gráfico e diagramação de
Livraria do Advogado Editora

Revisão de
Rosane Marques Borba

Direitos desta edição reservados por
Livraria do Advogado Ltda.
Rua Riachuelo, 1338
Fone/fax 0800-51-7522
90010-273 Porto Alegre RS
livraria@doadvogado.com.br
www.doadvogado.com.br

Impresso no Brasil / Printed in Brazil

Esta obra é dedicada a memória de
Ney da Gama Ahrends

Sumário

1. Introdução ao Direito Cautelar 11
1.1. Direito e liberdade 11
1.2. Satisfação de interesses 12
1.3. Discricionariedade do indivíduo 14
1.4. Limitação à discricionariedade do indivíduo 15
1.5. Conceito de Direito 16

2. Conceito e carácter do Direito Cautelar 19
2.1. A função da cautelar é distinta do conhecimento e da execução 19
2.2. Igualdade de *status* processual. Pretensão ao equilíbrio processual 21
2.3. A tutela cautelar como garantia do direito de ação 22
2.4. Cautelar nominada e cautelar inominada 25

3. Classificação das cautelas 27
3.1. Em relação à eficácia da ordem judicial 27
3.2. Cautela quanto ao procedimento 27
3.3. Em relação à ocorrência temporal do dano 28
3.4. Quanto à situação de fato, o *status quo* 29
3.5. Quanto à previsão em lei 30

4. O interesse substancial na Ação Cautelar 31
4.1. A situação e o interesse de direito material 31
4.2. Interesse substancial imediato 35
4.3. Interesse substancial mediato 35
4.4. Situação cautelante. Cautela satisfativa direta 36
4.5. Cautela satisfativa indireta ou absoluta 37

5. Tutela Cautelar e antecipação de tutela 39
5.1. A antecipação de tutela 39
5.2. A tutela cautelar é distinta da antecipação de tutela dos interesses substanciais 53
5.3. O que é antecipação de tutela? 54

5.4. Requisitos 55
5.5. Extensão 56
5.6. Concessão liminar 57
5.7. Revogação 58
5.8. Qual a diferença entre antecipação de tutela e medida cautelar? 58
5.9. Pode um pedido de antecipação de tutela ser tomado pelo juiz como medida cautelar? 60

6. Condições da Ação Cautelar 65
6.1. Condição e Mérito. Porque a cautelar tem mérito 65
6.2. Possibilidade jurídica do pedido 67
6.3. Legitimidade de parte 68
6.4. Interesse processual 71

7. Mérito da Ação Cautelar 77
7.1. Conceito de mérito. Mérito imediato e mérito mediato 77
7.2. Mérito da ação cautelar: estrutura conceptual 81
7.3. Restrição da discussão em matéria cautelar 82
7.4. Abrangência da ação cautelar 84
7.5. Autonomia Técnica: ações conexas, ritos próprios, decisões sucessivas 85
7.6. Perigo da demora 90
7.7. Aparência do bom direito 91

8. Processo Cautelar 93
8.1. Petição inicial 93
8.2. O pedido 95
8.3. Justificação de prova 96
8.4. Contracautela 97
8.5. Contestação 99
8.6. Amplitude da contestação 101
8.7. Efeitos da resposta do sujeito passivo 104
8.8. Rito do processo cautelar 106
8.9. Atividade da decisão 116
8.10. Substância da questão a ser decidida e essência do pedido de tutela jurídica em matéria cautelar 118
8.11. Revogabilidade: da liminar e da sentença em processo cautelar 126
8.12. Caducidade da medida cautelar 132
8.13. Ação cautelar e prescrição 133
8.14. Competência: processo cautelar em segundo grau e instâncias superiores 134
8.15. Valor da causa 140
8.16. A prova no processo cautelar 142

9. A Tutela Cautelar e os recursos cíveis 147
  9.1. Tutela da devolução. Garantir a eficácia do
     efeito devolutivo 147
  9.2. Distinção entre o uso do mandado de segurança e a ação
     cautelar para garantir a eficácia dos recursos 148
  9.3. Oportunidade da decretação da cautela incidente a processos
     para evitar a ineficácia do efeito devolutivo nos recursos 151

10. Medidas Cautelares em Recurso Especial e
Recurso Extraordinário 157
  10.1. O que é uma medida cautelar no recurso especial? 159
  10.2. Medida cautelar ajuizada com recurso especial ainda
      não admitido 160
  10.3. Medida cautelar ajuizada depois de admitido o
      recurso especial 171

11. Função assecurativa, inovativa e reintegrativa da
Tutela Cautelar 173
  11.1. Inutilidade da classificação semântica no âmbito da
      finalidade processual 173
  11.2. Função conservativa 174
  11.3. Função inovativa 177
  11.4. Função reintegrativa 177

12. Utilidade da Tutela Cautelar em ações ordinárias 179
  12.1. Importância da escolha da ação, do processo,
      do rito a ser utilizado e dos meios de prova 179
  12.2. Ações cautelares úteis a pretensões mandamentais típicas de
      eficácia imediata 180
  12.3. Ação cautelar antecedente e ação ordinária inominada
      mandamental típica de eficácia imediata 182
  12.4. Ação cautelar em contraste com os *writs* 183

13. O Mandado de Segurança e o novo Agravo
com efeito suspensivo 187
  13.1. Quando usar o mandado de segurança 187
  13.2. O que é suspensão e, portanto, o que é efeito suspensivo? 189
  13.3. Como se sabe se o juiz está inovando e se
      essa inovação é legal ou ilegal? 194
  13.4. Procedimento do Agravo 195
  13.5. Da suspensividade em relação à situação substancial
      em contraposição à suspensividade da decisão 196
  13.6. Suspensividade e *status quo* em sentido amplo
      e em sentido estrito 199

13.7. Extensão do conceito de suspensividade. Efeito suspensivo *lato sensu* e *stricto sensu* 200
13.8. Efeito suspensivo *lato sensu* 203
13.9. Agravo regimental na decisão do relator que concede ou nega efeito suspensivo ao agravo 204
13.10. Em ação com conteúdo eficacial cautelar o agravo tem igual conteúdo eficacial 213
13.11. Inadequação do *writ* como via de ataque à decisão do relator que concede ou nega efeito suspensivo a agravo 214

Bibliografia 219

Índice analítico 223

Índice onomástico 229

1 Introdução ao Direito Cautelar

1.1. DIREITO E LIBERDADE

Calmon de Passos[1] afirma que a característica do ser humano é a liberdade. E a liberdade constitui-se na possibilidade de opções. Só pode optar quem tem liberdade. Aquele que não é livre, não tem opções. A dúvida diante de o quê fazer só ocorre se houver liberdade. Assim, fazer o que não se quer é agir diante da necessidade. Não fazer o que se quer também é agir diante da necessidade. Fazer o que não se quer ou não fazer o que se quer não é opção. Não é liberdade.

Há liberdade diante da dúvida. Diante da possibilidade de escolher. Esta liberdade advém da capacidade de pensar que o ser humano tem mais desenvolvida. É esta capacidade de pensar que propicia o poder de escolher entre as várias opções.

A própria liberdade leva à possibilidade de o indivíduo escolher bem ou mal. Há uma grande subjetividade em escolher bem ou mal; ou seja, escolher bem ou mal é relativo; depende de cada um e depende das circunstâncias. De sorte que, quanto aos efeitos, se poderia classificar a relatividade da escolha em *intrínseca* ou *extrínseca*.

A *relatividade intrínseca* da escolha, que pode denominar-se de *subjetiva*, é relativa ao próprio indivíduo,

---

[1] Palestra realizada na Pontifícia Universidade Católica do Rio Grande do Sul, na Faculdade de Direito, em 10 de maio de 1979.

desde que produza conseqüências estritamente limitadas a ele próprio; o que se dá em um plano vertical, porquanto a escolha não atinge outra pessoa, mas somente ele. Isso significa que, se a escolha for mal feita, só o indivíduo sofrerá com isto.

Por outro lado, a *relatividade extrínseca*, que se pode chamar de *objetiva*, é relativa a outras pessoas, uma vez que ela produz conseqüências que afetam não somente o indivíduo, afetando outras pessoas; o que se dá em um plano horizontal, porque a escolha feita pelo indivíduo extrapola da sua pessoa e atinge outra ou outras. Isso significa que, se a escolha for mal feita, outras pessoas sofrerão com isto.

Destaca-se, então, que a liberdade de escolha encontra obstáculos. Obstáculos que podem ser naturais, provenientes da natureza, ou humanos, provenientes da ação de outros homens.

1.2. SATISFAÇÃO DE INTERESSES

O sentimento que leva o indivíduo a procurar o que lhe é necessário, útil ou agradável é o interesse. Deste modo, é o interesse que leva o indivíduo a escolher. Por isso que o interesse é o elemento vivo do direito. Cada indivíduo deseja a satisfação de seus interesses. Aí que é importante a superação dos obstáculos, para que os indivíduos possam satisfazer os seus interesses.

Nessa linha de análise, os obstáculos naturais são superados, pouco a pouco, pela Ciência e pela Tecnologia. Interesses que antes não podiam ser satisfeitos foram, passo a passo, sendo superados pelo uso da inteligência, quando o homem organizou o raciocínio.

O Homem foi retirando da natureza os meios para transpor os obstáculos que dificultavam a satisfação de seus interesses. Para atravessar um rio, um obstáculo natural ao interesse de seguir em determinada direção, o Homem, através da Ciência da Arquitetura, inventou a ponte. Tal qual a Medicina existe para remover obstáculos causados pela natureza com as doenças.

No decorrer da evolução do Homem, conseqüentemente, formaram-se as técnicas e as ciências. A cada obstáculo ultrapassado, outro surgia, e novas soluções se criavam. Isto porque a Ciência é o conjunto de conhecimentos certos e prováveis, metodicamente estabelecidos, e sistematicamente dispostos, segundo os grupos naturais de objetos. A Ciência é utilizada para que os homens possam remover os obstáculos existentes à satisfação de seus interesses.

Se por um lado os interesses humanos são obstacularizados pela natureza, por outro, o próprio ser humano, o indivíduo, pode ser obstáculo à satisfação do interesse de outro indivíduo. É neste exato momento que nasce o conflito de interesses. O conflito do interesse de um indivíduo com o interesse de outro indivíduo. Ambos, então, são obstáculos à satisfação do interesse individual. É para ultrapassar esse tipo de obstáculo que o conhecimento humano criou a Ciência do Direito.

Aqui, então, se destaca a importância da diferenciação feita entre as *relatividades extrínseca* e *intrínseca* da escolha diante da opção, diante do exercício da liberdade. A relevância concernente à "boa" ou "má" escolha.

Se a escolha é má intrinsecamente, subjetivamente, as conseqüências dizem respeito ao próprio indivíduo. Seu interesse encontrar-se-á insatisfeito pela sua própria ação. Ocasião em que o indivíduo age em seu próprio e restrito universo; não atinge outra pessoa, senão que a si mesmo.

Já, na *relatividade de escolha extrínseca*, se há boa ou má opção, objetivamente, as conseqüências extravasam o próprio indivíduo. Seu interesse irá afetar o interesse de outro indivíduo, afetará outra pessoa. Ocasião em que o indivíduo já não age mais em seu próprio universo, porquanto atinge outra pessoa.

Há clara diferença quando um indivíduo expressa seu interesse de forma intrínseca e de quando ele o expressa de forma extrínseca, pois esta expressão extrínseca sai do universo restrito do indivíduo, atingindo universo alheio, e a expressão do interesse está agora no plano externo, influindo na satisfação dos interesses de outros indivíduos, outras pessoas.

1.3. DISCRICIONARIDADE DO INDIVÍDUO

Isso é de marcada importância porque os atos humanos e naturais, que vão ocorrendo, entram ou não no mundo jurídico à medida que há interação entre interesses de indivíduos.

Quando, por exemplo, um indivíduo decide fazer uma viagem à Alemanha, esse indivíduo toma uma decisão que não importa a outra pessoa, só a ela. Aqui há uma decisão intrínseca, subjetiva, íntima. O indivíduo é livre para escolher o que fazer e, neste caso, não interfere na relação com outras pessoas.

Dessa forma, a maneira como expressa seu interesse dirige-se na direção vertical (ou transversal), onde está localizado o universo de sua discrição, da sua discricionaridade. A correção dessa decisão é de pura conveniência íntima e concerne exclusivamente ao indivíduo. Tal decisão, sob o aspecto de sua correção, seu acerto, oportunidade, refere-se à Psicologia (pessoa física) ou à Administração (pessoa coletiva ou pessoa jurídica). Não é relevante ao Direito.

Sob o ponto de vista da *correção intrínseca*, a decisão pode ser acertada, o indivíduo poderá ter satisfação com a decisão. Contudo, se o indivíduo, dentro de sua escolha, não levou em consideração fatores importantes que poderiam influir na sua satisfação, como não falar alemão e isto lhe trouxer frustração, pois não conseguiu se comunicar, nem mesmo sabia identificar refeições, não compreendia programas de televisão ou filmes no cinema e outros inúmeros fatores derivados de sua dificuldade. Esta frustração lhe trouxe conseqüências psicológicas ruins, entretanto não afeta outros indivíduos e não tem conseqüência em relação a terceiros. A conseqüência é puramente sua, não influindo no interesse de outras pessoas. Mesmo assim, a decisão não foi acertada. Então, o que indica o acerto da decisão é o objetivo pessoal, que na verdade pode ser comparado à norma jurídica. Neste exemplo, o indivíduo violou os seus objetivos de satisfação pessoal, optando, dentro de sua liberdade - de seu poder discricionário, por uma escolha que não estava de acordo com o seu objetivo de lazer, eis que, com o obstáculo do idioma, ficou insatisfeito o seu interesse na diversão e no lazer. Esse obstáculo o impediu de satisfazer o interesse. A decisão foi incorreta, mas sob o ponto de vista intrínseco, subjetivo.

Vê-se, com clareza, que o objetivo deste indivíduo foi violado. Não haveria frustração se o seu objetivo fosse meramente o de conhecer um país de língua desconhecida e ver como é realmente um país onde não se consegue comunicar; o indivíduo sairia satisfeito porque os seus interesses estariam voltados a outro tipo de percepção.

Não cabe a ninguém interferir para lhe dizer ou determinar que escolha fazer, desde que é o próprio indivíduo quem pode ter o discernimento para decidir. A Psicologia poderá auxiliá-lo, ajudando-o a identificar objetivos.

1.4. LIMITAÇÃO À DISCRICIONARIEDADE DO INDIVÍDUO

Porém, quando um indivíduo decide praticar um ato no sentido que possa conflitar com o interesse de outra pessoa, esta opção já não mais poderá ser vista sob o ângulo intrínseco, porquanto a correção da decisão extravasará sua pessoa, atingindo outra, passando a entrar no campo da exteriorização da forma *extrínseca* da correção.

Desta forma se procede a distinção para saber se um ato é relevante juridicamente ou apenas é parte do poder discricionário que o indivíduo tem sobre seus atos.

É, pois, que para saber se há boa ou má decisão sob o âmbito de correção intrínseca relativamente à pessoa individual, para a satisfação do interesse do indivíduo, os obstáculos causados pelo próprio indivíduo serão removidos pela Psicologia, enquanto, ainda que intrínsecos, mas relativos à pessoa coletiva, os obstáculos causados pela própria pessoa coletiva serão removidos pela Administração.

E, quando a correção da decisão se der no plano *extrínseco*, os obstáculos causados pelos próprios indivíduos (pessoas físicas) ou pessoas coletivas (pessoas jurídicas) serão removidos pelo Direito.

1.5. CONCEITO DE DIREITO

Dentro desse conceito, o Homem descobriu que a causa da insatisfação de seus interesses não eram somente as causas naturais, mas o próprio Homem. E que esta insatisfação pode ser causada pelo próprio indivíduo a si mesmo, pela própria pessoa coletiva a si própria, ou por eles mesmos a outras pessoas, individuais ou coletivas. E das ciências surgiu o Direito: o conjunto de conhecimentos sobre o comportamento humano, certos e prováveis, metodicamente estabelecidos e sistematicamente dispostos, com o objetivo de superar as insatisfações de interesses das pessoas conseqüentes da própria conduta de outras pessoas.

"Produto necessário da natureza humana"[...]"fenômeno comum a todos os povos em todos os tempos" (Del Vecchio. *Lições de filosofia do Direito.* Coimbra: Arménio Amado. 1979, p. 305).

Daí resulta uma gama de conceitos filosóficos e morais, que não cabe aqui discutir[2]. Filosoficamente, muitos explicam que o Direito, já no seu sentido objetivo, é uma organização da força (Kelsen *apud* Calvosa, Carlo. *La tutela cautelare*. Torino: UTET, 1963, p. 2), ou, simplesmente, uma "remoção de obstáculos[3]".

---

[2] O Direito, como ciência, está continuamente se desenvolvendo, em perpétua elaboração e revisão de teorias, em face da experiência e da pesquisa; livrando-se das influências e orientações filosóficas, culturais e religiosas que afastam a ciência do seu sentido tecnológico, evoluindo.

[3] Calmon de Passos, *loc. cit.* - chega ao extremo de dizer que não existe Direito e não há Estado e sim "centro de poder". "Porque a liberdade é fundamental e não a sacrificaria para o Estado, para os princípios do Estado, porque sempre atrás de definições têm pessoas". Desta forma concebe o Direito como uma tentativa de compreender a conduta e disciplinar a convivência social. O problema de haver ou não Estado, senão um centro de poder, adquirida de uma concepção desiludida do Direito Positivo, fornecido pelo Estado, retira do processualista a concepção científica do Direito - contestação histórica feita desde 1848 quando Kirchman, em seu *El carácter a-científico de la llamada ciencia del Derecho*, trad. *apud* Gusmão, Paulo Dourado de. *in Introdução à ciência do Direito*, 7a. ed., Rio de Janeiro: Forense. 1976. p. 6: "[...] três palavras retificadoras do legislador tornam inúteis uma inteira biblioteca jurídica" (*sic*); entretanto, os desvios que a lei normativa dá ao Direito não retira o seu carácter científico; tanto quando a concepção de que a Terra era o centro do Universo também não se lho retirou da Astronomia. E, preferimos a definição de Del Vecchio, *Opus cit.* p. 496: "'Estado é o sujeito da vontade que cria um ordenamento jurídico'; ou se preferir: 'Estado é o sujeito da ordem jurídica, em que se realiza a comunidade da vida de um povo'"; não se cria a Ciência, porém Leis; a Ciência deve servir de base para ajudar na formação das leis e a interpretá-las, mas nem sempre isso ocorre. É fundamental que se distinga o Direito como Ciência do Direito como Ordenamento Jurídico.

2 Conceito e carácter do Direito Cautelar

2.1. A FUNÇÃO DA CAUTELAR É DISTINTA DO CONHECIMENTO E DA EXECUÇÃO

Trata-se primeiramente da compreensão sobre o posicionamento da tutela dos interesses substanciais no restrito universo das cautelares inominadas. A expressão "inominado" deriva da não-especificação de um processo especial e predeterminado para qualificado tipo de ação.

Dentro do direito cautelar, o ordenamento processual previu aspectos específicos - cautelares nominadas, enquanto deixa possível a toda situação de iminência de dano e perigo de demora na decisão definitiva, sem nominá-la, preferindo dispô-la genericamente, na impossibilidade de prever todas as situações da vida.

A uma pretensão exsurgente da norma corresponde-lhe uma ação, cujo exercício é fixado pelo direito processual. Há uma situação que insatisfaz o autor, qual substância é regulada pelo Direito, o que constitui o interesse substancial, levando-o ao interesse secundário, o interesse em propor o pedido; vale dizer, que para proteger o interesse substancial o autor reclama a providência jurisdicional cabível a uma situação concreta.

a) **Interesse substancial no processo cautelar**. Este interesse substancial que se pretende tutela pode ser de direito adjetivo, desde que constitua a situação substancial. As ações cautelares inominadas têm como interesse a segurança ou modificação, de natureza processual, de uma situação substancial mediata que é regulada pelo direito objetivo em abstrato; decorre do interesse na obtenção de cautela para a satisfação do interesse substancial pretendido na ação principal. Ou seja, o interesse substancial da ação cautelar é a manutenção de igualdade processual, por isto não importa que modifique ou mantenha aquela situação mediata.

A ação cautelar inominada se desenvolve em um processo contencioso autônomo, distinto das funções de conhecimento e execução, dependente da existência de um ou de outro.

Sua função é de não permitir que uma parte cause à outra dano irreparável ou de difícil reparação, ou que possa influir decisivamente na concretização da prestação jurisdicional do processo principal.

Basta que a pretensão do autor esteja revestida de "aparência do bom direito" e ameaçada na sua concretização (perigo da demora) de maneira efetiva para que a medida cautelar inominada tenha, obrigatoriamente, de ser concedida.

b) **Requisitos da concessão da cautela**. Forçosamente será concedida cautela em presença de seus requisitos essenciais:

1. perigo da demora da permanência ou modificação do estado de pessoas, coisas e provas;

2. aparência do bom direito; não-necessidade de prova plena, logicamente, pois aí reside uma diferença fundamental entre ação cautelar e as demais ações.

Dada a natural urgência da necessidade desta concessão, a análise da prova há que ser apreciada de maneira rápida, porém, eficaz. Desde que a exposição do fato e do direito ameaçado se revista da "aparência do bom direito", havendo uma "presunção" de veracidade é, não só necessária, como obrigatória.

2.2. IGUALDADE DE *STATUS* PROCESSUAL. PRETENSÃO AO EQUILÍBRIO PROCESSUAL

Situação que desiguala o *status* processual é atacável por ação cautelar. Entende-se sob o sistema de igualdade processual um conjunto de determinações que indicam a limitação do princípio da livre convicção do juiz.

Aqui temos que ampliar a visão sistemática do direito processual, adequando-a, de tal maneira, que só haja que cotejar proposições acerca da igualdade processual e da convicção do juiz.

Para saber se uma proposição de convicção é juridicamente aceitável, haverá que ter em conta a situação processual especial, segundo a qual a verificação de eficácia e utilidade do processo tem uma relação relevante.

Conseqüentemente, não podemos aceitar como convicção a decisão que desiguala partes no processo, ou dá guarda à atuação danosa, ou permanece indiferente ou indecisa frente à irreparabilidade de dano em ocorrência ou em iminência.

a) **Igualdade de partes e equilíbrio processual.** O equilíbrio processual tem que estar suficientemente balanceado a fim de que se exerçam as funções de convicção do juiz, exigência mais conforme com a estrutura do processo.

Se tal equilíbrio é prescindido pelo sofisma de uma pseudoconvicção, entramos no âmbito da violação do direito. Sendo que, sempre que houver segundo grau de jurisdição, não se conceberá que uma decisão *a quo* imponha imprestabilidade ao efeito devolutivo; retirando, em presença da urgência, a utilidade processual.

b) **Garantia do direito de ação.** De que adiantaria conceder ao indivíduo o direito de agir, reclamando prestação jurisdicional do Estado, se este mesmo Estado não fornecesse meios suficientes para garantir a realização ou utilidade desta prestação - a satisfação da pretensão do autor.

Muito embora ainda haja equívocos sobre a finalidade da medida cautelar, pensando alguns que ela sirva para posicionar uma das partes favoravelmente no processo principal, a medida não tem, senão, a intenção de dar igualdade de condições às partes. E mais do que isto, impedir que uma delas melhor se posicione em relação à outra, sob o ângulo estritamente processual.

Podemos, ainda, extremar o clássico exemplo do seqüestro de coisa litigiosa, que impede sua deterioração ou se gaste ao ponto de inutilizá-la, inutilizando a prestação jurisdicional tutelada na ação principal.

Justamente aí reside o fim último do processo cautelar: manter, na medida do possível, o equilíbrio inicial das partes (Theodoro Jr., Humberto. *Processo cautelar*. São Paulo: Leud. 1978). E equilíbrio não quer significar que se retire a vantagem de uma situação favorável por estar uma parte agindo mais de acordo com a lei. É puramente processual.

2.3. A TUTELA CAUTELAR COMO GARANTIA DO DIREITO DE AÇÃO

"A exigência de uma tutela cautelar foi provavelmente aconselhável no momento exato em que foi feita a primeira regra jurídica" (Calvosa, Carlo. *La tutela cautelare*. Torino: UTET. 1963. p. 1).

O modo como a estrutura do estado se organiza está relacionado com o exercício da jurisdição. De um modo geral, à medida que a jurisdição se divide entre as diversas autoridades judiciais, delimita-se a órbita jurídica dentro da qual se pode exercer o poder público pelo órgão correspondente, por um conjunto de atribuições ligado a dito órgão para que exercite seus poderes (competência).

Calvosa (*ibid.* p. 2) considera que se pode dizer diretamente que tutela cautelar e direito (subjetivo) são meios complementares para assegurar a consistência da liberdade e impedir que se confie ao "homem" encontrar solução exclusivamente sobre o plano da força e da prepotência, que é sinônimo de violência, abuso e negação de liberdade no direito. E releva que Thon (*Rechtsnorm und subjectives Recht.* Weimar: 1878, também o cita Calvosa pela tradução italiana Levi, Padova, 1951, p. 63) aprecia a conseqüência jurídica da transgressão da norma, ante todo o meio que tende a garantir o sujeito da eventualidade de futura transgressão (da norma), atribuindo-lhe assim a possibilidade do gozo pacífico da coisa contra um prejuízo futuro, i.e., trata-se da garantia contra isto (*die Siecherung gegen künftiges Unrecht*), atuada imediata e mediatamente pelo preceito jurídico.

É indiscutível que o comportamento ilícito é fonte de aplicação de sanção. E esta sanção serve ante este ato ilícito, ao menos em via secundária, ao fim da prevenção, quando a norma jurídica atua, seja também mediatamente, como uma garantia, ameaçando sanção. Como exemplo, quando para evitar que alguém, que contraiu uma obrigação de não fazer, faça, o juiz determina uma multa diária a cada dia de transgressão (astreintes cumulativos. Art. 644 do CPC).

A ordem jurídica assegura a faculdade de exigir determinada conduta de alguém que pela norma jurídica se obrigou. A norma jurídica é fonte de direito subjetivo, e este último é, por si mesmo, composição de um conflito de interesses e atribuição de uma situação de prevalência a um sujeito no confronto com outro ou com outros, assim que, na eventualidade, de fato, se determina um concreto conflito de interesses, i.e., violação da qual se reclama e se persegue repressão.

O direito de reagir contra a violação, contra o dano, é o direito de ação (Barbero. *Teoria generale del diritto apud* Calvosa. *Opus cit.* p. 2); é o direito de reclamar a prestação jurisdicional para a tutela do interesse insatisfeito. A tutela jurídica é garantia do direito subjetivo, combinado ao seu sentido objetivo, e investe a situação jurídica subjetiva, tácita ou expressamente, de carácter lícito, não vedada. Esta confrontação faz Levi (*Teoria generale del diritto. apud* Calvosa, *ibid.*), pelo posicionamento de sua teoria geral, fundamentar-se sobre o conceito de relação jurídica. Mas Calvosa mostra também que Carnelutti (*Teoria generale del diritto*) acentua ser na ordem natural das coisas que ocorre a existência do conflito de interesses, determinado pela limitação do bem econômico. O conflito intersubjetivo de interesses reclama o emprego pela força, pela luta, que é o meio pelo qual o sujeito busca avantajar-se sobre o outro.

O Direito opera a composição do conflito de interesses, impedindo o recurso à força, garantindo, pois, a ordem ética, na qual enquanto estatuído, torna-se ordenamento jurídico.

Portanto, a tutela resolve-se na garantia em que a norma opera, tutelando a prevalência que há constituído a satisfação de um interesse no confronto com outro.

Muito embora exista a garantia pelo direito de ação, não basta que a tutela normativa venha somente garantir a consistência da liberdade sem assegurar, em sentido absoluto, aquela situação de igualdade para agir. Esta igualdade decorre da prevalência que se constitui e se colocou ao respeito alheio, próprio em dependência da tutela normativa (Calvosa. *Opus cit.* p. 3); ou seja, prevalecer a situação daquele que age de acordo com ordenamento jurídico. Esta garantia absoluta retira a ilicitude provável que pende a um dos litigantes, fornecendo o equilíbrio processual. Prevalece igualdade pelo empecilho da ocorrência ou cessação do dano, exsurgido da providência jurisdicional, que se obtém pela ação cautelar.

A ação cautelar é o direito de reclamar a prestação jurisdicional para tutela do interesse substancial, que é a igualdade, o equilíbrio processual. Este equilíbrio não é somente o inicial, senão que, no entanto, pode ocorrer a qualquer momento do processo.

2.4. CAUTELAR NOMINADA E CAUTELAR INOMINADA

A distinção é oriunda da própria diferenciação feita pelo Código de Processo Civil de 1973, que divide o Livro III em dois capítulos. O primeiro contém disposições gerais sobre as *medidas inominadas* e o procedimento que deve ser observado em relação a estas, assim como aos procedimentos cautelares *nominados* , ou seja, "específicos", os quais são regulados no capítulo seguinte.

O projeto do Código reuniu vários procedimentos preparatórios, preventivos e incidentes sob fórmula geral. O processo cautelar abrange todas as medidas preventivas, conservatórias e incidentes que o Código ordena no Livro III. Que eram preexistentes no Código anterior, de 39, porém de muito menor amplitude. É de consagrar-se ao novo Código a evolução grandiosa que trouxe ao nosso Direito, regulando a matéria quase que essencialmente doutrinária, tão necessária e tão desenvolvida. É verdadeiramente um passo, talvez o maior até então, na história do nosso Direito.

Procedimentos cautelares específicos são os determinados, especificados pelo Código de Processo Civil, os quais são: arresto; seqüestro; caução; busca e apreensão; a produção antecipada de prova; os alimentos provisionais; o arrolamento de bens; o atentado; a posse em nome de nascituro; protestos, notificações e interpelações; justificação; nunciação de obra nova e outras medidas, como obras em conservação de coisa litigiosa, entrega de objetos e bens de uso pessoal da mulher e dos filhos, a posse provisória, a guarda e a educação dos filhos, o depósito de menor e o afastamento temporário do cônjuge da morada do casal (constantes do art. 888 do CPC).

Os procedimentos cautelares inominados serão todos os que não forem especificados pelo Código e apresentarem as condições essenciais das cautelares. Agindo desta forma, o legislador, que não poderia prever todas as situações de urgência de cada caso, deixou aberta a possibilidade de toda e qualquer medida necessária face às condições para a concessão da cautela.

a) **Garantia da utilidade do processo principal.** Alargou-se, portanto, a amplitude e abrangência da cautela até o limite de garantir a utilidade de qualquer tipo procedimental existente no nosso Direito, vinculado ao processo principal e somente a este.

Com isto, cada cidadão vê na lei a garantia da igualdade processual, conquista inegável da liberdade individual de cada pessoa; somente através da igualdade garantida pelo Direito se expressa a liberdade, igualdade que só se faz presente quando possui instrumentos de garantia, através da lei, de procedimentos que preservem, através de juízes que a apliquem, a resguardem e a ela concedam a expressão máxima da liberdade humana, decidindo com razão, bom-senso, vontade do cumprimento do dever, aplicando a lei com a verdadeira "mão da Justiça".

3 Classificação das cautelas

3.1. EM RELAÇÃO À EFICÁCIA DA ORDEM JUDICIAL

A cautela contém uma ordem judicial que determina que a parte requerida faça ou deixe de fazer alguma coisa em virtude de mandado judicial. Esta ordem pode ser dada para que a parte pratique determinado ato ou se abstenha de fazê-lo. Quando a ordem determina que faça algo, ela se classifica dentro das cautelas *mandatórias* ou *positivas*. Quando, ao contrário, determina que a parte requerida deixe de fazer, abstenha-se de fazer algo, ela se classifica dentro das cautelas *proibitórias* ou *negativas*.

a) **Cautela mandatória ou positiva.** Ordem do Juízo para que a parte faça determinado ato ou atos.

b) **Cautela proibitória ou negativa.** Ordem do Juízo para que se restrinja, se abstenha, de fazer um ato ou atos específicos, proibindo.

3.2. CAUTELA QUANTO AO PROCEDIMENTO

Em relação às fases do procedimento cautelar, a cautela concedida pode dar-se durante o procedimento. De imediato e sem audiência da parte contrária: *ínterim*; depois de ouvir a resposta da parte contrária, requerida, mas antes de posicionar-se em relação à prova: *interlocutória*; ou depois de pesar as justificações de prova e a instrução probatória da cautelar: *perpétua* ou *definitiva*.

a) **Cautela permanente ou definitiva**. É uma cautela definitiva alcançada por sentença no processo cautelar.

b) **Cautela temporária**. É uma cautela provisória alcançada dentro do procedimento cautelar através de "liminar", antes da sentença do processo cautelar.

c) **Cautela interlocutória**. É uma cautela provisória alcançada em estágio inicial da causa, antes das que o Juízo tenha tido a oportunidade de ouvir e pesar totalmente as provas de ambas as partes, mas depois de ter ouvido a resposta da outra parte.

d) **Cautela ínterim (preliminar)**. É uma cautela também provisória, mas se dá em estágio anterior, *inaudita altera parte*, sem a ouvida da parte adversa, também em carácter liminar.

3.3. EM RELAÇÃO À OCORRÊNCIA TEMPORAL DO DANO

A cautela atua para evitar a ocorrência do dano ou fazê-lo cessar. A cautela pode ser concedida antes do dano ocorrer, em presença de dano iminente, ou mesmo quando o dano está ocorrendo, com o objetivo de evitar que ele permaneça.

a) **Cautela *quia timet* (preventiva)**. É uma cautela que é concedida antes do dano ocorrer (dano iminente), com o objetivo de evitar que o dano ocorra.

b) **Cautela com dano existente (corretiva).** É uma cautela concedida em presença de dano, com o objetivo de fazer cessar o dano.

3.4. QUANTO À SITUAÇÃO DE FATO, O *STATUS QUO*

Quanto à situação de fato, o que se chama de *status quo*, a cautela pode ser *conservativa* ou *inovativa*.

A cautela que determinar a manutenção do *status quo* se classifica dentre as cautelas conservativas, enquanto aquela que determinar a alteração desse *status quo*, determinando a modificação do estado de fato, classifica-se dentre as cautelas inovativas. Há, outrossim, aquela situação na qual havia um estado de fato que foi alterado, ainda sem processo cautelar, mas que a parte então requer o retorno ao *status quo ante*, ou seja, retornar ao estado de fato existente antes da modificação. Modificação feita por ato da parte requerida. Então, a parte requerente do processo cautelar pedirá uma cautela que não conserva o estado precedente, tampouco inova, ela pedirá o retorno do *status quo ante*, postulando que o Juízo lhe conceda uma cautela reintegrativa [quanto à esta classificação, por favor confira o Capítulo VI, que aprofunda as funções assecurativa e inovativa do processo cautelar].

a) **Inovativa.** É quando a cautela é concedida para que se inove o estado de fato, alterando a situação que até aqui era existente.

b) **Conservativa.** É quando a cautela é concedida para que se conserve o estado de fato, impedindo que a situação até aqui existente se altere.

c) **Reintegrativa.** É quando a parte requerida praticou ato, ou deixou de praticar, tendo com esta ação ou omissão alterado o estado de fato, e a parte requer uma cautela para que se restaure aquele estado de fato alterado antes da postulação da cautelar.

3.5. QUANTO À PREVISÃO EM LEI

Considerando a previsão legal das cautelas estarem previstas com rito especial pelo Código de Processo Civil, as cautelas podem ser *típicas* ou *atípicas*.

a) **Típicas ou Específicas**. É quando uma cautela está regulada especificamente pelo tipo legal, com rito processual diferenciado. O rito diferenciado pode advir do Código de Processo Civil: *Cautela Típica Codificada*, como pode advir de outra lei, que não o Código de Processo Civil, como é o caso das cautelares fiscais, etc.: *Cautela Típica Especial*.

Cautela típica codificada. É quando o procedimento especial da cautela é dado pelo código processual.

Cautela típica especial. É quando o procedimento especial não decorre do código de processo, porém de lei especial.

b) **Inominadas (atípicas ou inespecíficas)**. É quando o procedimento da cautela é regulado genericamente. Mesmo dentro dos procedimentos genéricos, as *cautelas inominadas*, existem cautelares que levam nome próprio, é o caso clássico da sustação de protesto. Apesar de ter nome próprio, identificável de primeira, esta cautela segue o rito comum do procedimento cautelar genérico.

4 O interesse substancial na Ação Cautelar

4.1. A SITUAÇÃO E O INTERESSE DE DIREITO MATERIAL

A pretensão cautelar pleiteia manutenção ou modificação de uma situação para tornar útil o processo principal para declaração do direito daquela situação substancial que é regulada pelo direito objetivo em abstrato. Pela invocação de um processo especial, Livro III do Código de Processo Civil, visa-se à declaração do caso cautelante sem atingir o caso principal, mas tendo-o como finalidade mediata, não imediata (autonomia técnica). "*Se* 'os processos de cognição e execução tutelam imediatamente o interesse na composição da lide, o cautelar só tutela este interesse mediatamente, pois, imediatamente tutela o interesse da eficácia do processo' (cf. Ronaldo Cunha Campos, *Comentário in Revista Brasileira de Direito Processual,* vol. 4, p. 185)" (Ac. unânime do TJ-PR, Agravo de Instrumento n. 12.607-0, *in* Jurisprudência Brasileira 165/174).

a) **Interesse substancial próprio.** Há, assim, um interesse na obtenção de uma cautela com objetivo de tornar possível a satisfação plena do interesse substancial pretendido na ação principal.

O Tribunal de Justiça do Paraná, no julgado trazido acima, discute o aspecto de haver "um interesse substancial próprio na cautelar":

Ovídio Baptista da Silva, em exemplar monografia, *defende a existência de um direito substancial de cautela*, invocando as lições de Allorio e Pontes de Miranda, chegando mesmo a "afirmar a existência de um certo caráter satisfativo também na ação cautelar" (*ibid*. p. 175).

A situação é simples, como ocorre na "legitimação das partes": "de um lado o interesse cautelante e do outro a pessoa obrigada a manter o *status* processual, satisfazendo esse mesmo interesse".

Está a exigir, através de um *poder instrumental coordenado* (processo), a concretização da atividade jurisdicional, pleiteando *sponte sua* uma possível situação favorável (*fumus*) que virá a informar o mérito, juntamente com a existência do perigo (*periculum*).

Antes de tudo, pode ocorrer o caso em que haja o interesse tutelado, como um poder que tem um sujeito sobre uma coisa, móvel ou imóvel, ou sobre a administração, e seja incerto ou controverso este poder de um sujeito em relação a outro ou mais sujeitos. Sendo incerta ou controversa a situação de fato ou direito, é por isso incerta ou controversa a expectativa sobre em quem recairá *o poder sobre a coisa*. Para abolir e eliminar o perigo é suficiente tolher o sujeito da disponibilidade que aqueles poderes lhe concedem sobre a coisa ou sobre a universalidade de poderes do bem ou sobre a administração (Rocco, Ugo. p. 103).

A cautela traz ao sujeito segurança enquanto perdurar o estado de incerteza ou controvérsia e por todo o tempo que restar possível um dano (perigo). A cautela vale-se de uma situação correspondente a seu direito como aparente titular, mas do qual a titularidade não é certa.

b) **Suspensão da situação que leva à concessão da cautela acarreta suspensão da cautela.** A suspensão desta faculdade concedida pela cautela dá-se no momento exato em que termina a incerteza sobre a situação de fato e sobre a situação jurídica, da possibilidade de dano.

A suspensão desta situação, bem como de outra, está reservada ao juiz livremente, quando liminar subsistente; mas quando já houver sentença, a parte deve requerer. Sobretudo, por força do artigo 93, IX, da Constituição Federal, há que haver motivação.

c) **Meio idôneo para igualar a posição processual das partes.** Conserva ou modifica o estado de fato quando é controverso ou incerto o fato, provendo a cautela, evitando o perigo. Deve ser percebida uma titularidade aparente (*fumus*) que se corrobora com a situação de fato existente concomitantemente ao momento da cautela. Esta situação não deve cegar o juiz, que não tem de atendê-la por si mesma, senão que pelos requisitos do mérito (*periculum* e *fumus*).

Deve conceder a cautela somente quando houver a nítida percepção (*justificação*) de que o meio idôneo a tutelar o direito (*fumus boni iuris*) ameaçado (*periculum in mora*) resulta da situação do demandante em relação ao demandado, tolhendo este da disponibilidade de parte ou de todo o direito, no limite em que a lei não permite a realização de atos irreversíveis pela natureza provisória da declaração, seja por liminar, seja por sentença na ação cautelar.

d) **O que importa na cautela é tornar útil o processo principal.** Ocorre, por outro lado, a observância da natureza do interesse tutelado na forma de direito subjetivo (propriedade, posse, direitos reais limitados, uso e gozo de coisas, direitos de crédito, etc.) ou ainda não tutelados na forma de um direito subjetivo, contudo, interesse jurídico relevante (interesse na prova constituída ou constituinte); enfim, de um direito que possa ser satisfeito na via ordinária, conforme diz Ugo Rocco, que traz jurisprudência da Corte de Cassação italiana:

"Se, normalmente, o referido procedimento cautelar tende a conservar o estado de fato atual, todavia, segundo o caso, isso pode ainda ser direito a mudança de tal estado, quando o seu perdurar render inoperante a sucessiva decisão de mérito" (Cass. 18 febbraio 1965, n. 475, *in* Rocco, Ugo. p. 421).

O que a Corte italiana diz é que tanto faz se a decisão sobre a situação cautelante inove ou conserve o estado de fato, o que importa é que ela torne possível e útil uma decisão sobre o mérito mediato, no processo principal. É à utilidade do processo principal que serve a cautela.

Para a solução do problema, segue-se a orientação do sistema lógico, distinguindo-se semanticamente a *manutenção* do estado de fato de sua *mutação*. Tanto um signo lingüístico quanto o outro seguem a mesma função sintática e a mesma função pragmática. São ambas situações fácticas substanciais que servem de apoio ao embasamento da decisão pela análise extrapolada das suas conseqüências, a fim de evitar estados irreversíveis e revelando-se o fator da aparente titularidade.

e) **O importante na cautela é impedir a inutilidade do processo principal**. Cautelarmente, *inovar* ou *conservar* estados (*status*) não é o que conta, qualquer distinção serve apenas ao fator semântico, à função semântica do direito. Importante é que a cautela tende a impedir a inutilidade do procedimento principal.

Do ponto de vista lingüístico-formal (sintaxe) a distinção não tem valor funcional, porque o alcance dos objetivos jurídicos são os mesmos (pragmaticamente). Daí o motivo pelo qual Carlo Calvosa (*Opus cit.*, p. 265) conclui que esta distinção é inútil.

4.2. INTERESSE SUBSTANCIAL IMEDIATO

Em uma ação cautelar, dois são os interesses existentes. Há o interesse mediato e o interesse imediato. O interesse mediato é o interesse substancial contido na pretensão da ação principal. O perigo da demora e a aparência do bom direito levam a um interesse substancial mais *imediato*, a situação cautelante, que denominamos de *interesse substancial imediato*, ou seja, um interesse substancial próprio da ação cautelar, contido na pretensão da ação cautelar.

Logo, a cautela tem carácter satisfativo de sua própria pretensão, a pretensão cautelante, que contém o *interesse substancial imediato*, o interesse substancial de cautela. Nesses casos a *cautela é satisfativa imediata* ou *direta*.

4.3. INTERESSE SUBSTANCIAL MEDIATO

O interesse substancial mediato é o interesse substancial contido na pretensão da ação principal, que a cautelar só o tutela mediatamente, de forma indireta. A finalidade da cautela não é tutelar esse interesse. A tutela cautelar visa à tutela do interesse substancial imediato. Mas não se pode evitar que existam situações onde, pela satisfação do interesse substancial imediato, se satisfarão ambos os interesses (mediato e imediato). Nessas situações a cautela será satisfativa direta e indireta. O que não dispensa a ação principal.

Quando se fala em cautela satisfativa, em geral, sem o rigorismo terminológico que aqui estamos colocando, há uma certa confusão entre qual tipo de satisfação se fala. Por isso Calvosa fala de um interesse cautelante; Ovídio Baptista defende a existência de um direito substancial de cautela e Ronaldo de Cunha Campos visualiza a existência de um interesse que é tutelado apenas mediatamente, enquanto outro é tutelado imediatamente na cautelar. De sorte que se chega, sem dúvida, à classificação adequada de que se distinguem dois interesses: um mediato e outro imediato.

Da classificação dos interesses substanciais, quanto à sua satisfação em relação à cautelar, a cautela que satisfaz apenas o interesse próprio de sua natureza (imediato) é uma *cautela satisfativa direta (satisfaz a situação substancial imediata)*, enquanto a cautela que, ao satisfazer o interesse imediato, também satisfizer o interesse mediato é *cautela satisfativa indireta (satisfaz a situação substancial mediata)*. Se há a satisfação de ambos os interesses, mediato e imediato, pode-se dizer que essa cautela atinge satisfação absoluta dos interesses, daí denominar-se, igualmente, *cautela satisfativa absoluta*.

4.4. SITUAÇÃO CAUTELANTE. CAUTELA SATISFATIVA DIRETA

Já vimos que o interesse substancial pode ser analisado sob dois âmbitos: o da ação cautelar e o da ação principal. Sob o primeiro, o interesse origina-se da situação de desequilíbrio processual, o que denominamos *interesse substancial imediato* e este desequilíbrio se constitui na *situação substancial imediata*. Sob o segundo âmbito, a *situação substancial mediata* se origina do *interesse substancial imediato*, do processo principal, que é afetada pela situação imediata.

A situação substancial imediata de desequilíbrio processual determina a insatisfação do interesse substancial imediato - o equilíbrio, isto leva ao interesse em propor o pedido. A pessoa obrigada à satisfação desse interesse é a parte contrária - o sujeito passivo da relação processual. Neste sentido a cautela é *satisfativa direta*.

Calvosa (*Opus cit.*, p. 269) refere-se à "situação cautelante ou de garantia" ao que chamamos de *situação substancial imediata*, e Ovídio Baptista da Silva (*Ações cautelares e o novo processo civil*, 3a. ed. Rio de Janeiro:

Forense. 1980. p. 38) refere "[...]somos conduzidos a admitir que a prestação cautelar como qualquer outra, tem caráter satisfativo, pois satisfaz uma pretensão específica". O caso trazido pela Revista "Jurisprudência Brasileira 165/174", aqui citado, identifica esse conceito citando o mesmo autor, "se devemos aceitar a autonomia da tutela cautelar, referindo-a não ao direito cautelado, mas a uma situação objetiva de perigo, cremos - afirma o processualista - que não nos será lícito dizer que a ação assecurativa protege sem satisfazer. Há um interesse de direito material que é satisfeito, qualquer que seja o resultado do chamado processo principal; se devemos afirmar a existência de uma *res in iudicium deducta* da ação cautelar, somos levados a supor que essa tutela direta e imediata correspondente à pretensão e à segurança, tenha uma peculiar função satisfativa enquanto atende a pressupostos específicos e acerta, de modo definitivo, sobre a *res iudicium deducta*. (Ovídio A. Baptista da Silva. *As ações cautelares e o novo processo civil*, 2. ed. - n. 8, pp. 35-36)" (*ibid.*, p. 179).

Mas o que não se pode deixar de considerar é que há duas situações e dois interesses ligados entre si, existentes paralelamente, mediata e imediatamente.

4.5. CAUTELA SATISFATIVA INDIRETA OU ABSOLUTA

A situação substancial mediata se relaciona com a situação substancial imediata pela utilidade que a tutela cautelar determina à satisfação do interesse substancial mediato com a satisfação do interesse substancial imediato.

Mediatamente a cautela pode não ser satisfeita quando a satisfação do interesse mediato e de imediato não se dêem no mesmo ato. Porém, se ao satisfazer o interesse mediato também satisfizer o interesse cautelante (interesse imediato), a cautela será satisfativa indireta ou absoluta. Existem forçosamente casos em que a cautela será satisfativa indireta, como quando para satisfazer o interesse substancial insatisfeito o autor postulará ação judicial e em presença de desigualdade processual - interesse substancial imediato.

Ora, se a satisfação desse interesse substancial imediato ocasionar a satisfação do interesse mediato, o carácter satisfativo da cautela será absoluto - *cautela satisfativa absoluta*. Também pode ser denominada satisfativa indireta, porque satisfaz o interesse substancial (da ação principal) indiretamente, mediatamente.

5 Tutela Cautelar e antecipação de tutela

5.1. A ANTECIPAÇÃO DE TUTELA

As alterações do Código de Processo Civil, que passaram a vigorar a partir de fevereiro de 1995, trouxeram para o Direito brasileiro a antecipação de tutela.

Alguns, no princípio, chegaram a confundir a antecipação de tutela como se fosse o processo cautelar. Existiram casos extremos de confusão onde o advogado requereu uma cautelar inominada incidental, e o juiz recebeu a ação como um simples pedido de antecipação de tutela.

Não se pode confundir. Ambas são distintas. Têm funções diferentes, têm objetivos diferentes, têm ritos diferentes.

a) **O perigo da "Síndrome de Salomão"**. A antecipação de tutela existe para casos de abuso do direito de defesa, onde os atos de defesa forem eminentemente protelatórios. Mas, sem dúvida, é um instituto muito perigoso.

Ressaltamos que o perigo existe pela excessiva abundância de liminares, e a "Síndrome de Salomão" que assola alguns julgadores no Brasil, hoje em dia. Há juízes que acreditam não precisar de contraditório para tomar partido em um processo, simplesmente se posicionam a favor ou contra, às vezes por questão pessoal, às vezes emocional, às vezes por pressa.

AÇÃO CAUTELAR INOMINADA **39**

Fazem uma visão rápida, apressada do caso, e entendem como queriam que fosse, muitas vezes não o é, e decidem sem ouvir ou considerar o que diz a outra parte.

Acreditam que sendo juízes, acusação e defesa, podem fazer melhor justiça. Acreditam que "não seriam enrolados". Esquecem porquê a evolução do Direito levou à separação da justiça em três partes: Juiz, acusação e defesa. Acreditam ser "donos do processo", "o destinatário da norma".

Firmemente discordamos desse entendimento.

Talvez seja útil considerar que o Direito, lá nos tempos de Salomão, era muito rudimentar. E, ao contrário da visão romântica (de quem não sofreu as injustiças e viu de longe, muito longe), aquela época era injusta, muito injusta. O que soubemos é que Salomão era muito astuto.

b) **Um sistema judiciário precisa depender da função e não da pessoa.** Também sabemos que o maior erro em qualquer tipo de administração é o da *dependência da pessoa*, já que para um sistema funcionar bem é preciso que se tenha o princípio da *dependência da função*. Teríamos que confiar na "pessoa" de quem julga, e não na "função" de julgar.

Por si só este já seria um brutal erro de administração. Em qualquer estrutura eficiente, depender-se de determinado funcionário, empregado, colaborador, supervisor, julgador, seja lá qual for a denominação escolhida, tanto no setor privado quanto no público, e não da função que o mesmo desempenha, é sinônimo de problemas. Para isso existem os sistemas. Essa era a visão de homens como Frederick Winston Taylor, que se deu ao trabalho de reduzir a movimentos o mais simples possíveis qualquer tarefa, braçal ou intelectual, nas empresas do início do século para as quais trabalhou, de modo a fazer com que os funcionários se adequassem perfeitamente; era a visão de Henry Ford, ao introduzir, num mundo recentemente industrializado, a linha de produção. Não importa credo, idade, raça, preconceitos e visões pessoais de quem a opera; uma linha de produção funciona porque se baseia num conceito eficiente de sistema.

A figura do rei como ungido dos deuses para distribuir Justiça não tem mais respaldo no mundo atual. Mesmo um monarca superpoderoso como foi Felipe, o Belo (França, 1478 -1506) reunia um grupo de conselheiros ou jurisconsultos para tomar decisões sobre os destinos da França. Ainda que a palavra final sobre a vida e a morte dos ainda não-cidadãos franceses lhe coubesse, começava a sociedade a se afastar da figura medieval clássica, na qual, em meio a um salão frio e parcamente iluminado, um homem sozinho, sem escutar nem considerar outras opiniões, baseando-se exclusivamente na sua percepção de realidade e de justiça - ou de conveniência - ditava as regras. De sua decisão não cabia recurso.

Voltar a esta época seria evolução? Um juiz agindo de forma semelhante aos antigos reis seria evolução? Duvidamos que alguém responda que sim.

Uma febre de novas teorias administrativas, muito bem-vinda, visando à maior participação dos funcionários de todos os setores das empresas nas decisões antes a cargo somente dos altos escalões, formação de grupos de trabalho para melhoria das tomadas de decisões, trabalho em equipe, a chamada "Quinta Disciplina", reuniões do tipo *brain storm*; todas demonstram que o ser humano da atualidade acredita firmemente que, quanto maior o número de cérebros envolvidos numa decisão, quanto maior a variedade de pontos de vista, de percepções diferentes da realidade, tanto melhor para a eficiência e competitividade do negócio. Se no caso das empresas privadas o "negócio" é satisfazer o cliente, ganhando-o para sempre sobre a concorrência, na Justiça o objetivo seria o maior número possível de decisões acertadas, corretas, bem embasadas.

Segundo o saudoso Desembargador José Faria Rosa da Silva, a celeridade dos processos é um bem à sociedade, mas desde que, frisava ele com ênfase, não se atropelassem os recursos - instrumentos criados a partir de anos de evolução jurídica - a fim de conceder às partes o pleno direito à produção de provas, defesa e argumentação.

Recursos não são um expediente criado para favorecer a corrupção, mas para o sistema judicial se livrar dela .

Um rápido olhar sobre os muitos séculos que nos separam de Felipe, o Belo ou o rei Salomão nos mostra como o mundo progrediu; de uma sociedade de déspotas, sem a menor responsabilidade sobre a vida, morte e bens de seus súditos, e por isso mesmo dispondo deles a seu bel-prazer, para os sistemas contemporâneos, onde os cidadãos têm, na pessoa de seu advogado, de acusação ou de defesa, a chance de apresentar suas razões e de ser escutados.

Assim é que o sistema atual baseia sua evolução em três personagens com atividades bem distintas: *advogado de defesa, advogado de acusação* e *julgador*. Melhor ainda: julgadores, respaldados por grupos, turmas, câmaras reunidas.

Como cidadãos e consumidores, como nos sentimos melhor: quando apenas um funcionário, perdido numa enorme empresa como a IBM, nos atende e nos ouve em nossas queixas, ou quando um departamento inteiro, "de atendimento ao consumidor", com supervisão, hierarquia e obviamente uma porção de cérebros trabalhando em conjunto se prontifica a nos ajudar? Ponha-se aqui um mesmo indivíduo acumulando todas as três tarefas mencionadas e teremos uma involução.

A própria vida no planeta evoluiu de organismos unicelulares para a complexidade orgânica do *homo sapiens*, com seus milhões de células, nenhuma mais ou menos importante no que se refere ao bom funcionamento do corpo, pelo contrário, todas vitais.

Reis-juízes ou Juízes-reis nos levam a retratos famosos de ditaduras e ditadores. Se o destino da humanidade não soube como impedir o surgimento de tais indivíduos, o mínimo que podemos fazer é ter deles uma lembrança nítida e horrível o suficiente para que não tornem a reinar.

Um julgamento proferido na corte de Felipe, o Belo era sem dúvida célere. Em poucos instantes um súdito era preso, encerrado num calabouço, levado à presença do rei, sumariamente julgado, condenado, e, se tivesse a sorte de escapar às torturas, assassinado. Sim, porque o termo que descreve o ato praticado nesses tempos só pode ser assassinato. Sem direito à defesa, sem um juiz neutro, sem advogados que o representassem, possuidores do conhecimento da lei, sem lei mesmo.

Aí se vê o resultado prático da tão decantada celeridade processual.

Involuções começam com aberturas de pequenos precedentes. Um exemplo, talvez meio prosaico, mas extremamente familiar, é como, a partir das insistências de familiares e amigos, às vezes somos levados a quebrar uma dieta rigorosa que nos fazia tão bem. Um copo de vinho no jantar de sábado, a sobremesa e a pizza do domingo, que mal podem fazer, nos perguntam? E devagar, vamos cedendo. Devagar voltamos aos velhos e nocivos hábitos alimentares; quase sem sentir, cedendo à pressão contínua a nossa volta.

Da mesma forma não pode um juiz preocupar-se com os comentários da imprensa sobre suas decisões. Há que se distinguir dois papéis representados por ela: o de informar, dever sagrado, dentro de uma democracia, e o de vender jornais, ainda que nada de realmente escandaloso, importante ou curioso tenha ocorrido nas últimas vinte e quatro horas, simplesmente porque a folha de pagamento dos funcionários de um grande jornal continua existindo ao final de cada mês, ainda que nenhuma celebridade tenha se suicidado, nenhum escândalo sexual atinja o Pentágono ou que Brasília não esteja em crise.

Antes de se importar com os comentários publicados, com as críticas desferidas, com agradar ou não a opinião pública, deve o julgador recordar-se do princípio da livre convicção. Tendo ouvido diligentemente as partes e seus representantes legais, tendo coberto todas as fases de produção de prova, estudado e embasado sua decisão, o que representa afinal a opinião apaixonada e desentendida de um repórter? A eficiência e saúde de um sistema judicial inteiro na sala de redação de um jornal? Quando isso se tornar a regra, e não a exceção, teremos um sistema de *lobby* tão forte quanto o que ronda o Palácio do Planalto, e não mais julgadores que escolheram a carreira de magistrado por uma questão de ideal.

c) **Como grandes e bem-sucedidos magistrados atuam**. A "Síndrome de Salomão" não afeta os grandes e bem-sucedidos magistrados. Eles são investidos de um senso de divisão de trabalho e costumam se colocar na posição de ambas as partes. Eles se valem da sua condição de neutralidade. E eles se valem da divisão de tarefas que constitui o Poder Judiciário.

Estes grandes magistrados, bem-sucedidos magistrados, compreendem bem o porquê a Constituição Federal tem o art. 133: *o advogado é indispensável à administração da justiça.*

Aqui nós vamos dizer que a função jurisdicional é exercida pelos juízes, pelos advogados e pelos fiscais da lei (promotores públicos ou procuradores). Nós vamos dizer que isto ocorre para dar neutralidade ao juiz. Que só existe o princípio do contraditório, na prática, se e somente se houver alguém defendendo um interesse de cada lado, um opinando como fiscal da lei, e outro julgando, neutro.

Nas remotas épocas da história antiga, o poder de julgar era dado aos reis ou soberanos, que regiam autoritariamente. Estas pessoas não decidiam segundo regras preestabelecidas, mas, na verdade, decidiam como bem queriam, desde que não violassem interesses muito fortes.

O rei já não mais tinha condições de julgar todos os casos ele mesmo. Então, surgiu a delegação da sua autoridade jurisdicional, dividindo a sua jurisdição em degraus, a competência. Delegados do rei julgavam casos conforme regras de competência, entretanto, o rei guardava para si o poder final de decidir, revisando aquilo que achava errado ou que poderia ser matéria de interesse direto dele rei (chamado interesses de Estado ou da Coroa).

Essa retenção de competência é a base do chamado "efeito devolutivo". O efeito devolutivo é o efeito de que aquela competência de julgar delegada pelo rei a uma pessoa autorizada a julgar será devolvida quando alguém se sentir prejudicado pela decisão do "delegado do rei" e, então, pedir a revisão para o rei, pedindo que se lhe *devolva* a competência. Devolver significa trazer de volta aquilo que foi delegado.

d) **Divisão vertical da competência.** Assim dividiu-se a competência no sentido vertical. O rei não poderia julgar sozinho todos os casos, daí por que delegar a subordinados, pela divisão vertical da competência. Tribunais inferiores que estavam sujeitos à divisão do rei.

e) **Divisão horizontal da competência.** Também foi preciso dividir a competência de forma hierarquicamente igual, entre aqueles delegados do rei, que lhe eram subordinados. Dividindo em razão da matéria, em razão de pessoas, em razão de valor, etc.

f) **Divisão de função é evolução de um povo.** O rei passou a se preocupar com o teor de suas decisões, porque passou-se a verificar que grandes injustiças provocavam reações violentas.

A história nos ensina que os reis perdiam seus tronos e muitos, suas cabeças, quando negligente ou dolosamente decidiam casos violando as normas preestabelecidas ou em flagrante benefício próprio ou de favores e privilégios. Grande exemplo disto é a Revolução Francesa.

Mesmo com Tribunais que eram delegados para "distribuir justiça", os soberanos e o "centro de poder" - oligarquia dominante - utilizavam estes Tribunais para controlar as suas "influências", usando o Direito como um meio de manipulação, e não de Justiça.

Este pensamento funcionava algumas vezes, mas não na maioria dos casos. A falta de um Judiciário justo é a verdadeira causa das revoluções ao longo da história do mundo. As pessoas só intentam contra um poder constituído quando forem injustiçadas em alta escala. Aí, as pessoas se revoltam contra aquelas injustiças e derrubam o poder constituído, estabelecendo outra "ordem", a que lhe parece mais justa. Só os "centros de poder" que respeitam os demais grupos é que subsistem no tempo. Também, só através do respeito àquilo que for preestabelecido em regras abstratas e sem privilégios, pois são os privilégios e as exceções as normas preestabelecidas que enervam o maior poder de todos: o povo.

Mesmo aqueles soberanos ou centros de poder que entendem ter poder ou força suficiente para submeter outras pessoas não têm força contra a vontade do povo. Assim foi na Revolução Francesa, na Rússia do Czar, na Rússia de hoje, na Revolução norte-americana, dentre outros vários exemplos.

g) **A importância da jurisprudência.** Nem só decisões tendenciosas enervam o povo, ou seja, desencadeiam revoluções; as decisões negligentes são igualmente nocivas. Decisões sem compreensão da função social da jurisdição (poder de julgar). Decisões isoladas sem compreender que o conjunto de decisões judiciais deve ser harmônico entre si. Daí a importância crucial da *jurisprudência* para a manutenção da ordem.

Juízes que julgam sem compromisso com a jurisprudência ou com a lei são juízes negligentes e são eles responsáveis por tensões sociais e instabilidade das instituições.

Talvez seja útil considerar essa como uma das razões pela qual os Estados Unidos da América e a Inglaterra se tornaram uma das democracias mais estáveis do mundo em todos os tempos, e porque não dizer que tenha sido este o motivo pelo qual o Império Romano ultrapassou os mil anos.

Vê-se a ira do povo ao *poder jurisdicional*, dirigindo--lhe diretamente a responsabilidade:

> "[...] os porta-vozes dos camponeses juraram matar 'todos os advogados' e 'servos do rei que encontrassem'" [...] "não foi por acaso que entre as primeiras vítimas estava o *Presidente do Supremo Tribunal*, sir John Cavendish, juntamente com muitos secretários e jurados" (Tuchman, Barbara. *Um espelho distante*. Rio de Janeiro: José Olympio. 1989. pp. 341-2).

Ao povo muito interessa que o seu caso tenha o mesmo tratamento de outros casos. É inaceitável para qualquer pessoa ter um caso seu perdido quando outros em circunstâncias iguais ganharam. Não importa a desculpa que um tribunal possa dar é inaceitável: ou é dolo, ou é negligência. E é a segurança institucional que pagará caro por esse deslize.

Assim, quando um juiz se escusa de modificar uma sentença ou acatar um recurso que teve decisão igual, sem dizer que está modificando aquele ponto de vista, que a partir daquela data as pessoas deverão se comportar diferentemente, ele está jogando a sociedade para o abismo da "revolta". Uma continuada gama de decisões dessa maneira produzirá uma revolução. É o que aconteceu na Iugoslávia, na Romênia e, limitadamente, no caso de Los Angeles acerca do racismo dos oficiais de polícia brancos que covardemente atacaram um civil negro. A negligência daquele juiz provocou uma revolta na população, cansada de injustiça desse matiz. Daí em diante, os juízes passaram a se preocupar mais com a *conseqüência de suas decisões*, deixando um pouco de pensar "arrogantemente" no tom "é assim que eu entendo", preferindo o tom "mesmo que eu pense assim, a lei quer de outro modo; logo, a lei, feita pela sociedade é que deve prevalecer, não o meu pensamento singular e isolado, já que eu não fui eleito para modificar a lei; porém exerço uma função técnica de apreciar se um caso está de acordo com a lei, sem alterar o que o povo decidiu".

Jurisprudência firme e continuada é o que dá paz e tranqüilidade a uma Sociedade, a um País. A irresponsabilidade, arrogante, de que "é assim que o meu senso de Justiça entende" traz a revolta e leva a mortes e revoluções sangrentas.

Arrogante, nos referimos, porque se arroga em uma função que não tem: a lei foi feita pelos representantes do povo competentes para tanto.

O processo legislativo conduziu uma série de conflitos que deixaram de ser decididos de maneira sangrenta nas ruas e nos campos de batalha. Esses conflitos de idéias foram colocados dentro da sala do parlamento, onde as várias correntes da sociedade estão representadas (pelos parlamentares). Eles é que têm o poder, que o povo lhes deu, para escolher que norma, que regra preestabelecida seguir.

Lá, no parlamento, é que civilizadamente irão conflitar-se. Pouco importa se "brigarem os parlamentares", não deveriam, mas o que importa é que as pessoas não mais se estão matando na rua.

Depois desse conflito, não pode um juiz tornar inválido aquilo que a maioria decidiu, aquilo que foi alcançado depois desse processo de composição civilizada de conflitos. Não pode mudar para optar pela aplicação daquela corrente que perdeu. O juiz que faz isso subverte a civilidade do processo legislativo, acaba com a democracia, dá margem a que aquele conflito ultrapassado no parlamento volte para as ruas e com sangrentas conseqüências.

Não vale o argumento de dizer que o Congresso se omite ou deveria ter feito algo. Ele, juiz, só pode julgar a lei, não pode alterá-la ou modificá-la. Ele pode *mostrar*, e temos de grifar a palavra *mostrar*, porque o juiz não cria, ele mostra para a sociedade (por isso as decisões devem ser fundamentadas, sob pena de nulidade) porque uma lei deixa de ser aplicada a um caso. *Mostrando* que a lei deve ser interpretada harmoniosamente, umas com as outras, *mostrando* que as leis não podem ser interpretadas isoladamente. Ele não cria o Direito, ele interpreta o que o povo decidiu. Até porque ele não tem legitimidade para decidir o que o povo quer. O concurso que fez ou até se foi eleito, não o foi para legislar, o foi para interpretar, para trazer harmonia ao conjunto de leis, decidindo em casos concretos que leis se aplicam, cuidando de dar decisão coerente, fazendo algo que é uma ciência: *jurisprudência*.

h) **Divisão de poderes**. Por esse temor de instabilidade social e de queda do poder, é que os soberanos ou os centros de poder da idade antiga e ao longo da história passaram a se preocupar com a divisão da função de gerir um estado (*to rule*). Os soberanos que não entenderam esta situação de evolução foram decapitados, guilhotinados, fuzilados ou exilados. Aqueles que perceberam que era o único meio foram cedendo seus poderes ao parlamento e concedendo gradual mas irretornável poder ao Judiciário.

Chegou-se ao ponto atual de divisão autônoma dos Poderes: fazer Leis, administrar conforme as leis e julgar, dizer qual lei se aplica a que caso, para harmonizar as várias leis, decidindo harmoniosamente, formando a *jurisprudência*, para que as pessoas saibam comportar-se e saibam que as situações idênticas terão decisões idênticas.

O povo nunca perdoou, a sua reação é incontrolável e violenta.

i) **Divisão das funções do Poder Judiciário**. Nessa divisão de Poderes, percebeu-se, na evolução da sociedade, que o poder de julgar não poderia ficar adstrito a apenas uma pessoa. E, então, viu-se que o grande problema de um julgamento era a neutralidade e serenidade de um julgador.

Para evitar a reação do povo às decisões tendenciosas e injustas, que provocam risco em todo o sistema, surgiram as divisões do Poder Judiciário. O juiz era a pessoa que exercia a função do Poder Judiciário.

Mas toda essa função dada a uma só pessoa era demasiada. A ciência percebeu que a natureza humana de uma pessoa coloca-a em parcialidade com facilidade. O juiz, como ser humano, é suscetível de predileções, parcialidade, pré-conceitos, pode praticar atos com negligência, estar sujeito a influências e até mesmo sentimentos dolosos de corrupção, etc.

Era preciso encontrar um sistema que dotasse o Poder Judiciário de meios de proteger o indivíduo da condição humana que cerca o juiz. Como fazê-lo? Simples. A divisão de funções sempre foi o método evolutivo mais eficaz ao longo do desenvolvimento da raça humana: divisão de funções com especialidade.

Então, a ciência procurou observar quais eram as funções de um juiz quando exercia sua função dentro do Poder Judiciário. Percebeu-se, neste momento evolutivo, que o Poder Judiciário necessitava de 1) uma apresentação de pretensão de quem pede (acusação) e o cuidado de todos os interesses da parte ativa durante o curso de um processo, 2) uma contradição daquilo que se pede (defesa) e o cuidado de todos os interesses da parte passiva durante o curso do processo, 3) o julgamento das questões de fato e 4) o julgamento das questões de direito.

Para o julgamento das questões de direito, o juiz precisa harmonizar a lei com todas as demais leis. Essa função é crucial. Ela é responsável, também, pela estabilidade das instituições. A pior coisa é alguém perder um conflito sabendo que existe uma lei que o apóie. Essa função é a de 5) fiscalizar a aplicação da lei e a sua harmonia com outras leis.

j) **Antecipação da tutela**. A Lei nº 8.952/94 alterou o antigo art. 273 do CPC.

Art. 273. (novo) "O juiz poderá, a requerimento da parte, antecipar, total ou parcialmente, os efeitos da tutela pretendida no pedido inicial, desde que [...]:

II - fique caracterizado o abuso de direito de defesa ou o manifesto propósito protelatório do réu.

§ 2º. Não se concederá a antecipação da tutela quando houver perigo de irreversibilidade do provimento antecipado."

A tutela jurisdicional antecipada é um remédio contra a demora do processo de conhecimento. "É uma inovação salutar, que [...] torna possível a rápida prevenção ou composição de lide, sem sujeitar a prestação jurisdicional às prejudiciais delongas impostas pela natureza do processo e pelas notórias deficiências da administração da justiça" (Bermudes, Sérgio. *A Reforma do Código de Processo Civil*. 1ª ed. 2ª tiragem. Rio de Janeiro: Freitas Bastos, 1995, pp. 34 e 35). O autor da ação afirma determinado direito e, através da antecipação da tutela pretendida, ele passa a exercer este seu direito de forma provisória.

Humberto Theodoro Júnior dita que a antecipação da tutela é "o poder de antecipar, provisoriamente, a própria solução definitiva esperada no processo principal" (Theodoro Júnior, Humberto. *As inovações no Código de Processo Civil*. Rio de Janeiro: Forense, 1995, p. 11).

O caráter provisório faz com que a tutela antecipada tenha uma qualidade fundamental: ela não pode ser irreversível (art. 273, § 2º). O direito antecipado não pode ser irreversível, pois ao final do processo, o juiz decidirá definitivamente, e a sentença deverá ter o poder de modificá-lo, mantê-lo ou até negar o que foi antecipado. Então este poder de antecipar não pode dar à coisa o poder de ser permanente, eterno e irreversível, pois primeiramente ela é provisória. Humberto Theodoro Júnior (*ibid*, p. 11) destaca ser importante que o juiz não conceda a antecipação quando houver o perigo de irreversibilidade para assegurar o contraditório.

"Se houver a possibilidade de que a antecipação se dê em caráter satisfativo tal que, sendo a ação julgada improcedente terá obtido o autor o resultado prático da procedência, deve a antecipação ser negada" (Schmidt Júnior, Roberto Eurico. *O Novo Processo Civil*. Curitiba: Juruá, 1995, p. 56).

Como se trata de uma nova lei e um novo dispositivo, ainda não há regras de como aplicar nem determinações do limite real de seu campo. Por enquanto, de acordo com os §§ 1º e 4º do art. 273, cabe ao juiz o poder de dar, modificar, revogar e até conceder depois de negada a tutela antecipada. "Na prática, a decisão com que o juiz concede a tutela antecipada terá, no máximo, o mesmo conteúdo do dispositivo da sentença que concede a definitiva e a sua concessão equivale, *mutatis mutandis*, à procedência da demanda inicial - com a diferença principal pela provisoriedade" (Dinamarco, Cândido Rangel. *Op. cit.*, pp. 139 e 140). A antecipação não consiste numa mera faculdade do juiz, deve ele fundamentar sua decisão, e esta poderá ser questionada através de um agravo.

A antecipação da tutela deve ser dada a coisas reais, não se deve antecipar o "bem" que nunca terá condições de existir, seja jurídico, seja objetivamente. "Não se pode antecipar algo que de antemão já se sabe que será impossível obter em carácter definitivo" (Dinamarco, Cândido Rangel. *Op. cit.*, p. 140).

Outra característica da antecipação da tutela é a sua limitação com a demanda inicial. O direito antecipado não pode ser diferente do que o que foi pedido na petição inicial, pode somente se diferenciar em antecipação total ou parcial.

5.2. A TUTELA CAUTELAR É DISTINTA DA ANTECIPAÇÃO DE TUTELA DOS INTERESSES SUBSTANCIAIS

A tutela antecipada diferencia-se da cautelar em muitos pontos, apesar de os dois provimentos serem relacionados ao que normalmente seria mais tarde dentro de um processo. A tutela cautelar serve para impedir o perecimento de um direito ou assegurar ao titular a possibilidade de exercê-lo no futuro. Pede-se um provimento para garantir a eficácia da sentença, sem o qual o processo corre o risco de se tornar inútil.

A tutela antecipada serve para pedir o "fim" agora. O seu propósito é impedir o abuso do direito de defesa e o protelamento proposital indiscriminado do processo por parte do réu (art. 273, II). Assim, evitam-se os casos em que o réu se utiliza da "defesa formal", ele se aproveita dos prazos normais de um processo para não ser atingido pelo direito, "...quando o réu se limita a alegações de todo inverossímeis, ou desgarradas de qualquer prova, ou, então, que o réu se comporte com manifesto propósito protelatório, buscando fazer arrastado o processo para aproveitar-se da tardança" (Bermudes, Sérgio. *Op. cit.*, p. 37).

"Somente se saberá se o réu está abusando de seu direito de defesa ou postergando o feito após a sua manifestação no processo" (Schmidt Júnior, Roberto Eurico. *Op. cit.*, 1995; p. 55). Não há como o autor prever que o réu abusará do direito de defesa, cabendo a ele esperar a manifestação do pólo passivo. Assim, de acordo com o inciso II do art. 273, talvez seja útil concluir que se deve esperar completar a relação jurídica processual (art. 219), para analisar-se a possibilidade de antecipação, de acordo com a atuação do réu.

5.3. O QUE É ANTECIPAÇÃO DE TUTELA?

Nelson Nery Junior (*Código de Processo Civil Comentado*) conceitua Antecipação da Tutela como sendo "providência que tem natureza jurídica *mandamental*, que se efetiva mediante *execução 'lato sesu'*, com o objetivo de entregar ao autor, total ou parcialmente, a própria pretensão deduzida em juízo ou seus efeitos".

"O advento da Lei 8.952, de 13 de dezembro de 1994, inaugurou, no contexto da denominada 'reforma do CPC' - por intermédio da incorporação de um novo texto redacional ao anterior dispositivo legal ínsito no art. 273 - um novo instituto processual que passou a ser convencionalmente conhecido por meio das seguintes designações: *antecipação de tutela, tutela antecipada* ou *tutela antecipatória*". (Friede, Reis. *Tutela antecipada, tutela específica e tutela cautelar*. 4ª ed. Belo Horizonte: Del Rey, 1997).

"Art. 273. O juiz poderá, a requerimento da parte, antecipar, total ou parcialmente, os efeitos da tutela pretendida no pedido inicial, desde que, existindo prova inequívoca, se convença da verossimilhança da alegação e:

I - haja fundado receio de dano irreparável ou de difícil reparação; ou

II - fique caracterizado o abuso de direito de defesa ou o manifesto propósito protelatório do réu.

§ 1º Na decisão que antecipar a tutela, o juiz indicará, de modo claro e preciso, as razões de seu convencimento.

§ 2º Não se concederá antecipação de tutela quando houver perigo de irreversibilidade do provimento antecipado.

§ 3º A execução da tutela antecipada observará, no que couber, o disposto nos incisos II e III do art. 588.

§ 4º A tutela antecipada poderá ser revogada ou modificada a qualquer tempo, em decisão fundamentada.

§ 5º Concedida ou não a antecipação da tutela, prosseguirá o processo até o final do julgamento".

Segundo o Min. Milton Luiz Pereira, "A tutela geral, com neutralidade em relação ao direito substancial, apoiada no juízo de 'verossimilhança' garante a utilidade do processo principal, viabilizando a realização do direito vindicado. A tutela antecipada, apesar de não favorecer 'coisa julgada material', apresilha a satisfação concreta e urgente do direito material, afeiçoando-se ao título e juízo executivos. É a efetivação da vontade do direito e viga da execução com sede na cognição sumária". (RESP 195984/RS. Rel. Min. Humberto Gomes de Barros. Primeira Turma. STJ. DJ de 18/06/2001)

"A tutela antecipada pode ser concedida na sentença ou, se omitida a questão anteriormente proposta, nos embargos de declaração. Art. 273 do CPC." (RESP 279251/SP. Rel. Min. Ruy Rosado de Aguiar. Quarta Turma. STJ. DJ de 30/04/2001)

5.4. REQUISITOS

"Quando se reconhece a existência de prova inequívoca, de verossimilhança de alegação, fundado receio de dano irreparável ou de difícil reparação, ou fique caracterizado o abuso de direito de defesa ou o manifesto propósito protelatório do réu, e diante dessas circunstâncias, o juiz, indicando, de modo claro e preciso, as razões do seu convencimento, antecipar, total ou parcialmente, os efeitos da tutela pretendida". (Cunha, Francisco Arno Vaz da. *Alterações no Código de Processo Civil*. 2ª ed. Porto Alegre: Livraria do Advogado, 1995.)

"Inobservados os princípios da prova inequívoca da causa de pedir, da verossimilhança da alegação e demais pressupostos estabelecidos no artigo 273 do CPC, não cabe deferir pedido de antecipação de tutela" (AGRAR 1451/PR. Rel. Min. Garcia Vieira. Primeira Seção. STJ. DJ de 25/06/2001.) afirma o Ministro Garcia Vieira.

Desta forma, Sergio Bermudes nos mostra que "deve haver prova inequívoca das alegações do autor, isto é, insuscetível de gerar perplexidade quanto ao fato constitutivo do direito alegado. Se a prova é dúbia, se não se esclarece a justeza da pretensão diante da regra jurídica que o juiz deve aplicar (art. 126), o caso é de indeferimento". (Miranda, Pontes de. *Comentários ao Código de Processo Civil*, Tomo III, 3ª ed., 1996)

Explica o Min. Carlos Alberto Menezes Direito "que a antecipação deve, necessariamente, respeitar os limites do pedido, não se podendo antecipar o que se não poderá obter com o provimento definitivo. Essa realidade da tutela antecipada é que, certamente, levou o legislador a cercar de cuidados a sua concessão, assim a exigência de prova inequívoca' e convencimento da 'verossimilhança da alegação'". (RESP nº 131.853/SC, Rel. Min. Carlos Alberto Menezes Direito. Terceira Turma, STJ. DJ de 08/02/1999)

5.5. EXTENSÃO

A tutela jurisdicional contida no pedido poderá ser antecipada de duas formas:

a) **Total**: pedida de forma integral a antecipação da tutela, ou seja, a antecipação de todo o pedido exposto na inicial, será a antecipação total.

b) **Parcial**: pedida somente a antecipação de parte do pedido, esta será parcial. Entretanto, se a parte pede antecipação parcial e o juiz defere a antecipação de forma total, julga *ultra petita*.

5.6. CONCESSÃO LIMINAR

Uma linha doutrinária defende que "pela falta de permissão legal, não cabe a antecipação inaudita altera parte". (Miranda, Pontes de. *Comentários ao Código de Processo Civil*. Tomo III, 3ª ed., 1996, p. 535)

Calmon de Passos (*Inovações no Código de Processo Civil*. Rio de Janeiro, Forense, 1995) posiciona-se no sentido de que "não é possível sua concessão sem a audiência da parte contrária, que deve responder no prazo que se prevê para a cautelar, que me parece o mais indicado".

Carreira Alvim (*Código de Processo Civil Reformado*, 2ª ed. Belo Horizonte, Del Rey, 1995), entretanto, afirma que a antecipação de tutela dependerá sempre de um "juízo de delibação" que "pode ter lugar *prima facie*" ou "inaudita altera parte, em face da natureza do dano temido, ou num momento posterior, como, por exemplo, após a contestação, como acontece com a liminar no mandado de segurança, em que pode ser deixada para depois das informações [...] Ou se antecipa a tutela, *inaudita altera parte*, concedendo-se liminarmente o provimento postulado, ou se esvairá o conteúdo mesmo do direito material cuja tutela se busca em sede judicial".

Também, Nelson Nery Junior (*Código de Processo Civil Comentado*) entende que "quando a urgência indicar concessão imediata da tutela, o juiz poderá faze-lo *inaudita altera pars*, que não constitui ofensa, mas sim *limitação imanente* do contraditório, que fica diferido para momento posterior do procedimento", e ainda que "se para a concessão da liminar o juiz julgar necessário, designará audiência de justificação prévia".

5.7. REVOGAÇÃO

"Revogar a decisão significa retroceder nela, retirando-se o que antes se concedera, de tal modo que a situação reverta ao seu estado anterior". (Miranda, Pontes de. *Comentários ao Código de Processo Civil*, Tomo III, 1996, p. 540)

A tutela antecipada poderá ser revogada ou modificada a qualquer tempo, sempre em decisão fundamentada.

Sergio Bermudes (*Op. cit.*, 1995) explica que "a decisão antecipadora da tutela pode ser revogada ou modificada, não porque cautelar, mas porque provisória".

Ainda, o Min. Gilson Dipp nos mostra haver "jurisprudência pacífica no sentido da desautorização da antecipação da tutela caso não persistam seus pressupostos". (RESP nº 282727/MS. Rel. Min. Gilson Dipp. Quinta Turma. STJ. DJ de 19/02/2001)

5.8. QUAL A DIFERENÇA ENTRE ANTECIPAÇÃO DE TUTELA E MEDIDA CAUTELAR?

Sergio Bermudes nos mostra que "não há dúvida que essa antecipação guarda parecença com a tutela cautelar. Distingue-se dela, entretanto, porque a providência cautelar é, por sua natureza, transitória e urgente, destinada a subsistir apenas enquanto durar o processo principal, ao passo que a providência antecipatória é a mesma que se pediu na ação cognitiva, concedida, entretanto, em momento anterior à sentença, condicionada a sua subsistência à confirmação pela sentença". (Miranda, Pontes de. *Op. cit.*, Tomo III, 1996, p. 533-534)

"O poder geral de cautela, que perpassa a disciplina do Código de Processo Civil, na abrangência das *medidas cautelares*, que se não confundem com a *antecipação de tutela*, prevista no art. 273 do Código de Processo Civil".

(RESP 130402/SP. Rel. Min. Carlos Alberto Menezes Direito. Terceira Turma. DJ de 03/08/1998)

Antônio Carlos de Araújo Cintra, Ada Pellegrini Grinover e Cândido Dinamarco (*Teoria Geral do Processo*, 1997, p. 323) ensinam que "não se confunde a tutela cautelar, com as características mencionadas, com a tutela antecipatória, tratada separadamente pela lei nº 8.952, de 13.12.94 (dando nova redação ao art. 273 do CPC), de natureza satisfativa e que antecipa, total ou parcialmente, os efeitos da sentença de mérito".

Segundo o professor Humberto Theodoro Júnior (*Curso de Direito Processual Civil*. Vol. I, p. 368), "tanto a medida cautelar propriamente dita (objeto da ação cautelar) como a medida antecipatória (objeto de liminar da própria ação principal) representam providências, de natureza emergencial, executiva e sumária, adotadas em caráter provisório. O que, todavia, as distingue, em substância, é que a tutela cautelar apenas assegura uma pretensão, enquanto a tutela antecipatória realiza de imediato a pretensão. A antecipação de tutela somente é possível dentro da própria ação principal. Já a medida cautelar é objeto de ação separada, que pode ser ajuizada antes da ação principal ou no seu curso".

O Ministro Adhemar Maciel reforça essa posição ao entender que "A antecipação de tutela serve para adiantar, no todo ou em parte, os efeitos pretendidos com a sentença de mérito a ser proferida ao final. Já a Cautelar visa a garantir o resultado útil do processo principal. Enquanto o pedido de Antecipação de Tutela pode ser formulado na própria Petição Inicial da ação principal, a Medida Cautelar deve ser pleiteada em ação separada, sendo vedada a cumulação dos pedidos principal e cautelar num único processo". (RESP 60.607/SP. Rel. Min. Adhemar Maciel. Segunda Turma, STJ. DJ de 06/10/1997)

"A medida cautelar tem o escopo de proteger a efetividade do processo, impedindo as conseqüências danosas que a demora pode causar, não estando adstrita ao Instituto da Antecipação da Tutela, que objetiva o benefício antecipado da parte". (MC nº 2713/MG, Rel. Min. Francisco Falcão. Primeira Turma, STJ. DJ de 11/06/2001)

"O procedimento cautelar não tem caráter satisfativo, visando apenas resguardar o requerente frente ao perigo de demora". (AC nº 96.04.02923-1. Rel. Juíza Maria Lúcia Luz Leiria. Quarta Turma. TRF 4ª Região. DJ de 26/06/1996)

"O procedimento da antecipação de tutela está inserido no processo de conhecimento (art. 273, CPC), distinguindo-se totalmente dos pressupostos cautelares (*fumus boni iuris* e *periculum in mora*), exatamente por ambos defenderem escopos distintos. O primeiro visa a assegurar uma verdade jurídica, enquanto o segundo serve, exclusivamente, para evitar o perecimento dos processos de cognição ou execução". (RESP nº 282727/MS. Rel. Min. Gilson Dipp. Quinta Turma. STJ. DJ de 19/02/2001)

5.9. PODE UM PEDIDO DE ANTECIPAÇÃO DE TUTELA SER TOMADO PELO JUIZ COMO MEDIDA CAUTELAR?

Para este caso específico existem algumas decisões do Tribunal de Justiça do Rio Grande do Sul que nos levam a entender ser possível, sim, "pedido formulado como antecipação de tutela" ser "conhecido como medida cautelar, com fundamento no poder geral de cautela do juiz". (AI nº 599129764. Rel. Desª. Helena Cunha Vieira. 16ª Câmara Cível, TJRS. 28/04/1999) Outras jurisprudências, por sua vez, nos mostram que é impossível tal conversão.

Para o Des. Claudir Fidelis Faccenda "afigura-se possível ao magistrado, valendo-se do seu poder geral de cautela (art. 798 e 799 do CPC) deferir medida de natureza cautelar em resguardo de direitos da parte postulante, ainda que esta a tenha peticionado na forma de antecipação de tutela, desde que presentes os requisitos inerentes ao deferimento da cautelar, quais sejam, o "fumus boni iuris" e o "periculum in mora". (AI nº 599364825. Rel. Des. Claudir Fidelis Faccenda. 16ª Câmara Cível, TJRS. J. em 11/08/1999)

O eminente magistrado ainda ressalta que "em nome do princípio da economia processual, deve ser mantida a decisão que, diante de pedido de antecipação de tutela, considerando que o provimento solicitado guardava natureza cautelar, entende-o como se pedido cautelar fosse, e concede-o como de ofício no próprio bojo do processo de conhecimento". (AI nº 598574754. Rel. Des. Claudir Fidelis Faccenda. 16ª Câmara Cível, TJRS. 31/03/1999)

No caso da "conversão da tutela antecipada em medida cautelar", entende a Juíza Julieta Lídia Lunz que "não decide *extra petita* o Juiz quando entende que não é o caso de antecipação da tutela, mas sim medida cautelar" e ainda afirma esse ser "entendimento pacífico dos tribunais". (AI nº 25276. Rel Juíza Julieta Lídia Lunz. Primeira Turma, TRF2. DJ de 11/11/1999)

No mesmo sentido, o Desembargador Wilson Carlos Rodycz afirma que "nada impede seu conhecimento dentro do poder geral de cautela do magistrado". (AI nº 70000206474. Rel. Des. Wilson Carlos Rodycz. 18ª Câmara Cível, TJRS. 28/10/1999)

O Des. Alzir Felipe Schmitz, em ocasião, decidiu por conceder "medida cautelar [...] mesmo que tenha sido deferido pedido de antecipação de tutela julgador, se presentes os requisitos autorizadores da medida, que está incluída entre os atos que integram o poder cautelar do juiz". (AI nº 70000375378. Rel. Des. Alzir Felipe. 8ª Câmara Cível, TJRS. 16/12/1999)

Toma a mesma posição o Des. Sérgio Bittencourt: "Não se reveste de qualquer ilegalidade a decisão que defere providência cautelar indispensável à eficácia do processo, não obstante equivocadamente requerida como antecipação de tutela". (AGI 777397/DF, Rel. Des.

Sérgio Bittencourt. Terceira Turma Cível, TJDF. DJU de 17/09/1997)

Em alguns casos, inclusive, é considerado que, a uma demanda, "embora não se trate de antecipação de tutela, a pretensão deve ser deferida no âmbito do poder geral de cautela do juiz".

Isso porque, afirma a Juíza Virgínia Scheibe, "A fungibilidade dos meios de cautela do direito autorizam se conheça de medida cautelar de caráter satisfativo como pedido de antecipação de tutela, remédio processual adequado à pretensão". (AI nº 97.04.65996-2/SC. Rel. Juíza Virgínia Scheibe. Quinta Turma, TRF4. DJ de 10/02/1999)

Entretanto, segundo a Desembargadora Rejane Maria Dias de Castro Bins "não se confundem nem são fungíveis, a luz da sistemática introduzida pela Lei nº 8952/94, medida cautelar e tutela antecipatória". (AI nº 70000979138. Rel. Desª. Rejane Maria Dias de Castro Bins. 9ª Câmara Cível, TJRS. 31/05/2000)

Também, a Desembargadora do Tribunal de Justiça do Rio Grande do Sul, Mara Larsen Chechi entende pela "inviabilidade de conversão" e explicita que "a partir da incorporação do instituto da antecipação da tutela por nossa legislação processual (lei 8952/94), não mais se justifica a fungibilidade das tutelas de urgência, não apenas por razões de ordem formal, mas pelas conseqüências processuais e operacionais que acarreta, inclusive no que se refere ao risco de ineficácia da medida". (AI nº 70001026087. Rel. Des. Mara Larsen Chechi. 9ª Câmara Cível, TJRS. 09/08/2000)

Isso porque "A concessão de medida tipicamente satisfativa exige procedimento de cognição plena, mesmo em extremo desprendimento formal". (AI nº 598552990. Rel. Des. Mara Larsen Chechi. 9ª Câmara Cível, TJRS. 28/04/1999)

Entende, ainda, o eminente Ministro do Superior Tribunal de Justiça Dr. Carlos Alberto Menezes Direito que "a concessão da tutela, apenas amparada na presença do *fumus boni iuris* e do *periculum in mora*, violenta a diciplina do art. 273, *transformando a tutela em medida cautelar, não sendo possível no patamar do especial tomar uma coisa por outra* quando a decisão recorrida, expressamente, assim como todas as demais peças processuais, cuidam, efetivamente da tutela antecipada". (RESP nº 131.853/SC, Rel. Min. Carlos Alberto Menezes Direito. Terceira Turma, STJ. DJ de 08/02/1999) (*destaquei*)

Nossa opinião é de que não cabe a conversão por um princípio de ordem pública e constitucional. Ação cautelar é uma "Ação", movida através de um processo com rito especial com contestação e produção de provas, meios recursais inerentes a ampla defesa - o *due process of law*. A conversão de uma medida má ingressada como antecipação quebraria o *due process of law* retirando da parte *ex adversa* o direito a ampla defesa, o direito aos recursos a ela inerentes. Basta dar como exemplo uma liminar onde em antecipação caiba apenas "agravo" e em uma cautelar cabe "produção de provas" - audiência de justificação - a parte tem direito a uma sentença e direito a recorrer de uma sentença por recurso de apelação. Deste recurso cabe sustentação oral e desta decisão, se não for unânime, caberá, ainda, embargos infringentes, o que não sucederia se a medida fosse apenas convertida sem alteração de rito. Antecipação e Cautela não se confundem, não são fungíveis, a conversão é inviável.

6 Condições da Ação Cautelar

6.1. CONDIÇÃO E MÉRITO. PORQUÊ A CAUTELAR TEM MÉRITO

O mérito de uma causa "quer exprimir e designar a matéria em que se funda ou se baseia, principalmente, a questão" (Plácido e Silva. *Vocabulário Jurídico*. v. I. Rio de Janeiro: Forense. 1975. p. 1.018), destacando o ponto "sobre o qual deve versar a decisão" [...] "A designação de mérito, pois, mostra a relevância do assunto, porquanto representa ou se mostra aquele que deve ser decidido, visto ser ele o próprio motivo ou razão de ser da demanda" (*ibid.*). Assim temos mérito de uma causa, o mérito de uma cautelar, o mérito de um recurso, o mérito de uma questão incidente, etc.; há questão de mérito quando se decide acerca da tutela do interesse substancial. Vimos que esse interesse substancial pode ser de direito substantivo ou de direito adjetivo, desde que constitua a situação substancial. Assim como o interesse substancial pode constituir-se também de pretensões de direito constitucional ou infraconstitucional.

O mérito da ação cautelar é a solução da questão a ser decidida nesse processo: 1) o perigo da demora e 2) a aparência do bom direito, o que é examinado para que acolha ou rejeite o pedido cautelar.

Já, a condição da ação cautelar está subpartida em 1) *possibilidade jurídica do pedido*, 2) *legitimatio ad causam* e 3) *interesse processual* (Chiovenda, Giuseppe. *Instituições de direito processual civil*. São Paulo: Saraiva. 195).

A ocorrência das condições da ação leva ao *exame de mérito*, ao assunto que deve ser decidido, mérito: a necessidade da medida, através da simples demonstração de perigo, sua provável existência, bem como do direito ameaçado, com valor "não de declaração, senão de hipótese" (Peyrano, Jorge Walter. *Medida cautelar inovativa*. Buenos Aires: Depalma. 1981. p. 25). Discutindo-se, então, a existência ou não do perigo, que é o que se tem de justificar, desde que seja plausível, provável (no dizer de Lopes da Costa, *in Medidas preventivas*. São Paulo: Sugestões Literárias. 1966.), verificando se, *prima facie*, assiste-lhe razão, por uma cognição sumária sobre a existência deste direito com valor de hipótese, contrapondo-se com o perigo do dano.

Na ação cautelar, o mérito da ação principal *(mérito mediato)* é intocável. Contesta-se nela a necessidade: urgência e o aparente direito, ou alegando ser mera expectativa, ou verificando-se a inexistência de plausibilidade, jamais cotejando provas ou minúcias inerentes à questão principal e que somente nela poderá haver apreciação.

É por esta razão que o requerido quando discutir a lide estará pleiteando uma decisão *ultra petita* e a inversão das fórmulas procedimentais. A decisão cinge-se à questão proposta. A rigor, só a necessidade (perigo e aparência) pode ser discutida.

Não havendo explanação de perigo da demora não se poderá pleitear ação cautelar, seria uma ação sem mérito e, portanto, seria o processo cautelar o meio processual inadequado. Carece de ação, por falta de interesse, a parte que por outro meio com o mesmo efeito prático puder obter o resultado pretendido. É o caso em que não cabe exibição de documentos se a prova pode ser obtida por certidão ("Jurisprudência Brasileira" 2/213 citado por Galeno Lacerda. *Comentários ao Código de Processo Civil*. v. VIII. t. I. Rio de Janeiro: Forense. 1980. p. 294) e de que o seqüestro não é meio hábil para reaver posse de imóvel (*ibid*. p. 302, citando RT 416/301).

Discute-se em mérito somente possibilidade, verossimilhança. Não se pode confundir com provas e certeza. O ponto é crucial. O debate de mérito tem de girar apenas sobre a hipótese do direito invocado e a sua urgência de aplicação, isto é, em torno da necessidade da medida.

6.2. POSSIBILIDADE JURÍDICA DO PEDIDO

Tal qual outra ação, o pedido se relaciona com a pretensão, ou seja, "deverá consistir uma pretensão" (Santos, Moacyr Amaral. *Primeiras linhas de direito processual civil*. v. I. São Paulo: Saraiva. 1977. p. 144). O exercício do direito de ação pressupõe a obtenção de providência jurisdicional sobre uma pretensão, que, em abstrato, seja tutelada pelo direito objetivo.

Foi, por virtude do novo Código, alargada a previsão legal a qualquer tipo de procedimento. Caso não se enquadre nos procedimentos cautelares específicos, pode ser enquadrada nos atípicos ou inominados. Contudo, genericamente, sempre que a lei prever determinada cautela, e o autor pleitear diversa ou uma vedação que resultar da situação jurídica do bem (impenhorável, inalienável, etc.) não for observada, o interessado carecerá da ação cautelar por impossibilidade jurídica do pedido. A vedação não é genérica, atinge "certa" medida, nada impedindo empregarem-se outras, desde que não prejudicados os propósitos da lei (art. 5º da Lei de Introdução ao Código Civil). O que aqui interessa é a "garantia do direito constitucional de agir", que é expoente máximo hierárquico-legal e adere a motivos finalísticos objetivamente dispostos, sobre os quais descansa o propósito do Direito.

6.3. LEGITIMIDADE DE PARTE

"No processo civil aparecem dois sujeitos (unipessoal ou coletivamente) chamados partes: uma, *demandante* (ou autor), que pede a invocação do processo frente à outra, *demandado* (ou réu), para que nele se examine e declare a existência (ou inexistência) de um direito que o primeiro afirma possuir contra o segundo com fins de condenação, declaração, etc." (L. Prieto-Castro y Ferrandiz. *Derecho Procesal Civil*. v. I. Madrid: Tecnos. 1978. p. 26).

Sujeito ativo e passivo são os dois pólos da relação processual. Num lado fica o titular do interesse insatisfeito - pretensão resistida, que se vale da ação para satisfazê-lo através do órgão jurisdicional. No outro pólo está a pessoa reputada pelo autor como obrigada à satisfação do interesse e contra a qual, ou em face da qual, a ação é intentada (Alvim, Virgílio *et alii. Curso de Direito Processual Civil*. Uberaba: Rio Grande. p. 89).

Os sujeitos assim determinados recebem em nosso direito a denominação de partes legítimas. E a qualidade que possuem se chama legitimação; *ativa*, quando demandante; *passiva*, quando demandado. Estão ligados de modo que, para a constituição válida e regular da Relação Jurídica Processual, haja, necessariamente, pertinência subjetiva, isto é, que o autor seja *titular do interesse,* e o réu, a pessoa *obrigada a satisfazer este mesmo interesse.*

Há um nexo de determinado sujeito com o provimento do juízo. (Prieto-Castro y Ferrandiz. *Op. cit.*, p. 69) estabelece que "mediante a legitimação se determina qual é a genuína parte que tem direito a invocar e levar um processo contra um demandado concreto, gravado com a carga de contradizer (se quiser defender-se)".

Especificamente à ação cautelar, *legitimatio ad causam* refere-se à titularidade da pretensão à tutela cautelar atinente às pessoas que efetivamente serão atingidas pela prestação jurisdicional postulada, através da decisão de mérito. Portanto, se não há parte passiva, não há também demanda. Por esta razão, a falta de indicação de um sujeito passivo acarreta a carência da ação. Desse modo decidiu o *1º Tribunal de Alçada Civel de São Paulo*:

> "No caso em apreço, o autor, sob alegação de que não sabe quem lhe furtou os documentos, o talão de cheques e cartões de crédito, deixou de indicar a pessoa contra a qual a ação deve ser dirigida, o que é inadmissível, pois a ação cautelar, como a de conhecimento, deve ter sujeito ativo e passivo" (LEX-JTACSP v. 130, p. 82).

No caso referido, o Tribunal Paulista decidiu em confirmar a sentença de primeiro grau - indeferimento da inicial - por falta de interesse de agir, no entanto, definem um caso típico de carência da ação por falta de legitimidade de parte, já que sequer há parte, no momento exato em que identificam que o autor *deixou de indicar a pessoa contra a qual a ação deve ser dirigida*.

Haveria ilegitimidade de interesse, e não de parte, em um caso como esse, quando a pretensão de "imunidade judiciária" se dirigisse contra determinado demandado, *v. g.*, no Acórdão de agravo de instrumento nº 188027379, da 1ª Cível do *Tribunal de Alçada do Rio Grande do Sul*, a Corte decidiu que:

> "O risco de ser demandado não autoriza a concessão de medida cautelar atípica tendente a impedir que o credor, ou pretenso credor, impetre a tutela jurisdicional, mesmo porque a cautelar não tem como escopo atribuir ao requerente verdadeira imunidade judiciária" (*in Julgados* TA-RS v. 68, pp. 171-2)

Eis por que é inadequado o meio processual escolhido. Quando o meio é inadequado, há falta de interesse processual.

No caso do Tribunal Paulista, a medida também visava à imunidade judiciária, mas, antes dela, há que se perquirir da condição de uma ação prosseguir sem indicação de parte contrária.

Parte legítima será aquela que for legítima para a ação principal. Não haverá legitimidade passiva, decidiu o Acórdão da 4ª Câmara Cível do Tribunal de Justiça do Rio Grande do Sul (Apel. Cív. 36.494, rel.: Des. Oscar Gomes Nunes, julgado em 19.11.1980, *in Jurisprudência Brasileira*, 165/201), entendendo que cautelar não pode atingir terceiro estranho à demanda principal:

> "Pretensão fundada em relação de direito obrigacional, não podendo atingir a esfera jurídica de terceiros. Apelação provida para julgar os autores carecedores da ação".

O Acórdão do Tribunal gaúcho baseia-se na premissa de que "se os requerentes não são titulares de pretensão contra os requeridos, tanto que a ação principal não foi contra eles proposta," [...] "é manifesto que carecem da presente ação cautelar" (*ibid.* p. 202).

A legitimidade está presente quando a parte é interessada na solução do feito. Neste sentido decidiu o Tribunal Regional Federal da 1ª Região, na Apelação Cível 117.060, julgado em 29.04.87, bem como na de nº 98.170 (6180078), julgada em 27.08.76 (DJ. 25.09.86), em que há legitimidade do BNH (Banco Nacional de Habitação): "Medida Cautelar. BNH. Legitimidade de parte. Afasta-se a ilegitimidade passiva do BNH, tendo em vista que é o principal interessado no desfecho da lide". Como o BNH foi extinto e sucedido pela Caixa Econômica Federal, em ações semelhantes, esta passa a ser parte legítima: "É cabível medida cautelar preparatória de ação em que se pretende que seja observado o plano de equivalência salarial no tocante às prestações mensais pactuadas em contrato de financiamento da casa própria" [...] "A Caixa Econômica Federal é parte legítima nas ações pertinentes ao Sistema Financeiro da Habitação, como sucessora do extinto Banco Nacional de Habitação" (Ap. Cív. 90.01.17732-8, TRF 1ª Região, *in Jurisprudência Brasileira*, 165/133).

Daí a reunião dos processos. Todavia, isto não lhe retira autonomia processual..

6.4. INTERESSE PROCESSUAL

A investigação doutrinária a respeito deste tema consiste, talvez, no ponto mais delicado desta obra. (Satta, Salvatore. *Direito processual civil.* v. I. Rio de Janeiro: Borsoi. 1973. p. 168) considera as mais variadas acepções sobre o conceito de interesse processual como objeto de ponderosa incerteza na doutrina, evidentemente reflexo da mesma dúvida a dominar o conceito de ação. "O manejo das definições sobre a ação não cabe dentro do conceito de 'interesse processual', senão da semântica".

O direito de agir é proteção constitucional, cercado de requisitos para, frente a um caso concreto - pretensão, poder-se chegar ao "exame de mérito", decidindo sobre a pretensão formulada pelo autor, se há tutela ou não. As condições são examinadas preliminarmente à sentença de mérito.

A peculiaridade do *interesse processual* pressupõe um conflito, uma pretensão resistida, compondo assim a lide. A natureza do *interesse processual* consiste no *interesse* ou necessidade de obter uma providência jurisdicional quanto ao *interesse substancial* contido na pretensão. Agir significa reclamar atividade jurisdicional do Estado, a quem cabe o monopólio da distribuição da Justiça. "Sem que haja resistência não pode haver invocação da atividade jurisdicional. O que move a ação é o *interesse na composição da lide* (interesse de agir), não o *interesse em lide* (interesse substancial), matéria de mérito" (Satta, Salvatore. *Op. cit.*, p. 169).

Poder-se-ia deduzir das mesmas palavras de Chiovenda que tal interesse sem o exercício da jurisdição ensejaria ao autor real prejuízo; de Calamandrei, que é meio único para o fim de justificar o interesse substancial; e Carnelutti, que sem o processo, a tutela oferecida pelo ordenamento jurídico ao *interesse substancial* não seria eficaz, nisto consistindo o *interesse processual* (na citação de Satta, Salvatore. *Ibid.*, p. 168).

O que move o autor a reclamar a providência jurisdicional do Estado, amparada na Constituição (direito de ação) é o prejuízo que verá consumar ou está ameaçado de suceder, levando-o ao *interesse secundário* (interesse em propor o pedido), que seja cabível àquela situação concreta, para proteger o *interesse substancial*. Há, então, *interesse de agir* quando a pretensão ajuizada, tendo razoáveis fundamentos, se apresenta possível no plano objetivo.

Não é exato que o *perigo* serve para estabelecer o interesse de agir na ação cautelar, nem que o prejuízo seja, com o estado de incerteza do direito, uma condição para obter a pronúncia que, constatada a incerteza, ordena a providência cautelar (Rocco, Ugo. *Tratatto di Diritto Processuale Civile*. v. V. Torino: UTET. 1960. p. 99). Tampouco o interesse de agir exsurge do *perigo*, porém do "prejuízo que da falta do provimento cautelar derivaria" (*Ibid.*, p. 100).

As definições são abreviações. Uma definição indica uma expressão que pode ser colocada no lugar de outra (às vezes mais longa e complicada). Sua estrutura lógica resulta da *equação de definição*. A nova expressão, *definiendum*, vinculada com signo de igualdade à expressão constituída só por signos conhecidos, *definiens*, isto é:

$$Definiendum = Definiens$$

Mediante a definição se podem reduzir alguns conceitos a outros. Definições de coordenação coordenam signos com seus significados; por esta razão, chamadas de designação, porque decorrem de coordenação de expressões constituídas por signos já conhecidos. Devem ser mencionadas em conexão com as definições (Schreiber, Rupert. *Lógica del Derecho*. Buenos Aires: Sur. 1967. p. 51).

Mediante esta *definição coordenada conceptual* se chega à designação de uma *definição de coordenação lógica* sobre interesse processual em processo cautelar. Há um *interesse substancial mediato*, que é o interesse na lide principal (ou seja, o interesse substancial da ação principal), e o *interesse substancial imediato*, que é o interesse na lide cautelar (ou seja, interesse substancial para a ação cautelar); do mesmo modo corresponde um *interesse processual mediato* e um *interesse processual imediato*. Ambos são analisados pelo juiz. No primeiro, analisa *interesse processual do processo principal* referido na cautelar, porque dele será ela pendente. No segundo, analisa se a tutela pode ser alcançada por outro meio com o mesmo efeito prático.

Na formulação do sistema conceitual de uma ciência, há que se exigir, de pronto, precisão nas definições. E a ciência do Direito não está axiomatizada, nem mesmo a ordem jurídica possui este grau de formalização. Logo, há que existir a conexão entre a definição e o Sistema Jurídico. Trata-se de diferenciar *interesse de agir* de *natureza processual*, examinando-se o nexo causal entre a *situação jurídica denunciada ao Poder Judiciário* e a *prestação jurisdicional invocada* (Tucci, Rogério Lauria. *Do julgamento conforme estado do processo*. São Paulo: Saraiva. 1982. p. 99).

Por esta razão, *periculum in mora* e *fumus boni iuris*, apresentados como condição da ação, não o são no sentido técnico-processual da palavra, senão que correspondem ao mérito. Porque o juiz ao decidir "sobre estes pressupostos, decide o mérito da controvérsia cautelar" (Silva, Ovídio Baptista da. *Op. cit.*, p. 74).

De sorte que faltará interesse processual quando o meio processual escolhido for inadequado. Um caso típico e exagerado de inadequação do meio processual escolhido é tentar pagar aluguel (que seria consignação em pagamento) através de uma ação de divórcio. Nas cautelares, seria tentar produzir antecipadamente prova (produção antecipada de prova - art. 846), propondo uma ação cautelar de alimentos provisionais. Nestes dois exemplos estaria clara a inadequação, desde que não houvesse nexo entre a situação jurídica denunciada ao Poder Judiciário e a providência jurisdicional invocada. Isto é interesse de agir.

Obviamente não é identificável tão claramente, em todos os casos, o interesse processual. Há casos de maior complexidade em que esta identificação é mais tênue. É importante notar, antes de tudo, que há que haver nexo. A providência invocada deve ter uma conexão com a situação denunciada.

Tomemos como exemplo o caso citado acima, do TA-RS (*Julgados*, 68/171), em que o requerente dirigiu sua pretensão de "imunidade judiciária", visando a impedir que contra si se lhe dirigissem ações judiciais. Vê-se aqui que a situação denunciada é "o risco de ser demandado", o que "não autoriza a concessão de medida cautelar atípica tendente a impedir que o credor, ou pretenso credor, impetre a tutela jurisdicional", porque a providência invocada - cautelar inominada - não é meio processual para buscar imunidade judiciária. O Tribunal recomendava, pois, no Acórdão, um conjunto de medidas eficazes que poderiam gerar ao requerente os mesmos efeitos por ele pretendidos: "visto que o réu possui meios eficientes de defesa" [...] "De outro lado, como a agravada é comerciante, caso pretenda o agravante requerer sua falência, cumpre observar que é indispensável tirar o protesto do título de crédito" (*Ibid*. p. 173), quando então o meio correto seria a "sustação de protesto".

Será inadequado o meio processual quando se requerer uma medida cautelar inominada e não houver pertinência entre a ação cautelar e a ação principal. O

Tribunal de Justiça do Paraná, no Apelação Cível 18.617-0, julgada em 04.12.91, decidiu que:

"Afigura-se indispensável que entre um e outro" - o processo cautelar e o processo principal - "ocorra uma relação de interdependência. Tanto é assim que, na conformidade com o art. 801, III, do CPC, cumpre ao autor, ao propor a ação cautelar, indicar o contido na lide principal" [...] "Ora, na espécie, como visto, o pedido formulado na cautelar e deferido no julgamento da causa foi no sentido de ser restabelecido o fornecimento d'água cortado pelos réus, enquanto na ação principal pleiteia-se reparação de dano. Logo, inexiste entre um e outro a referida relação de interdependência, de vez que se o pedido indenizatório refere-se a um dano supostamente ocorrido, nada mais resta a cautelar pela via escolhida" (*Jurisprudência Brasileira* v. 165, p. 185).

Veja-se o cuidado do Acórdão quando encerra a expressão "pela via escolhida", indicando o meio processual incorretamente escolhido que não tem nexo de pertinência com a situação denunciada ao Judiciário.

7 Mérito da Ação Cautelar

7.1. CONCEITO DE MÉRITO. MÉRITO IMEDIATO E MÉRITO MEDIATO

Mérito é a matéria em que se funda ou se baseia a questão, é o que distingue o ponto dominante da pendência sobre a qual deve versar a demanda. Demanda é toda a questão que a parte submete ao juiz, todo o ponto sobre o qual exige dele um juízo lógico. Demanda são também as questões secundárias que constituem as premissas indispensáveis para a solução da primeira, sempre, entende-se, enquanto sua posição depende da vontade das partes. "Não são somente os pontos sobre os quais o autor quer que se estenda o juízo do magistrado, com intuito de obter declaração positiva da relação, senão também aqueles sobre os quais solicita um posicionamento o demandado com objeto de obter uma declaração negativa" (Rocco, Alfredo. *La sentença civil*. p. 168).

a) **Na ação cautelar existem dois méritos**. Na ação cautelar existem dois tipos de mérito: 1) o da ação cautelar, ou *mérito imediato*; e 2) o mérito da lide que a originou, ou *mérito mediato*. Na verdade, sob o conceito de mérito e em relação à cautelar, há certa impropriedade em dizer-se que há dois méritos, porque sob o ponto de vista técnico-processual o que existe é o mérito da ação cautelar e o mérito da ação principal. Alguns autores não admitem a existência de mérito na ação cautelar. Estes autores não fazem distinção entre o mérito da ação cautelar e o da ação principal, limitando o significado do mérito "ao cerne da questão a ser decidida".

b) **Para toda questão corresponde um mérito.** Trata-se de uma definição com conteúdo mais amplos, porém, sob certo ponto de vista, restringindo seu significado à *questão relevante da pendência* em que se funda ou se baseia o pedido e sobre o que deverá versar a decisão, não interessando o tipo de ação. Concebendo, assim, que *para toda a ação corresponde um mérito*, e não será necessariamente o mérito da ação principal. Logo, uma decisão em um processo cautelar tem que ser dirigida para solucionar a questão proposta na inicial, isto é, julgando *o pedido* procedente ou improcedente. Apreciando o *mérito* delimitado por este *pedido - mérito imediato*.

Desta maneira pode-se concluir que o mérito de uma ação é o pedido do autor, contestado pelo réu, com fatos impeditivos, ou modificativos, ou extintivos, ou mesmo confessos, que unidos exijam do juiz um raciocínio lógico, fornecendo uma solução para o conflito de interesses naquela ação proposta, e tão-só dentro de seus limites.

A doutrina ensina que o objeto da prova devem ser apenas os fatos controvertidos pertinentes e relevantes; "não controvertido o fato, é ele fato certo, em condições de merecer a conotação jurídica que lhe deva acrescentar o magistrado". Não existindo controvérsia sobre os fatos, o juiz apreciará de logo o mérito da causa (Calmon de Passos. *Comentários ao Código de Processo Civil*. v. III. Rio de Janeiro: Forense. 1979. p. 563).

Isto posto, *periculum in mora* e *fumus boni iuris* integram a relação substancial sobre que se controverte.

c) **Correntes doutrinárias quanto ao mérito da ação cautelar.** Existem três correntes identificadas sobre o mérito da cautelar.

1^a *corrente*) Inexistência de mérito na ação cautelar:

A primeira, que propugna pela inexistência de mérito. Por esta posição, hoje minoritária, defendida por Humberto Theodoro Júnior e Athos Carneiro (ver abaixo a evolução de seu entendimento). Esta corrente entende que não há mérito na cautelar. É uma ação sem mérito. Mérito somente existiria o da ação principal.

2ª corrente) Existe mérito, mas é apenas o *fumus boni iuris*:

A segunda, defendida por Galeno Lacerda, entende que há mérito na ação cautelar, mas que o mérito é apenas a *aparência do bom direito* (*fumus boni iuris*), e que o *periculum in mora* não integra o mérito da cautelar.

3ª corrente) Existem méritos, e são o *fumus boni iuris* e o *periculum in mora*:

E a terceira, a qual entendemos acertada, onde também está o entendimento de Ovídio Baptista da Silva, que entende que há méritos na ação cautelar, e o são o *perigo da demora* (*periculum in mora*) e a *aparência do bom direito* (*fumus boni iuris*). Esta última corrente parece ser a que hoje prevalece e se tem como tendência de unificação da doutrina.

d) **Evolução das doutrinas e da jurisprudência quanto ao mérito da ação cautelar.** Em acórdãos julgados como Desembargador do Tribunal de Justiça do Estado do Rio Grande do Sul, o Min. Athos Carneiro entendia que não existia mérito na ação cautelar. Também professava este entendimento como Professor da Universidade Federal do Rio Grande do Sul.

Todavia, com o advento do julgamento do Recurso Especial nº 6.277/6.278-MG, julgado em 20.8.91, o então Ministro-Relator, Athos Carneiro, mostrou que aderiu ao entendimento dos que entendem que a cautelar tem mérito. Convencido pelas idéias de Calamandrei, diz o Ministro do STJ:

"Sublinhou Calamandrei que o mérito da ação cautelar não é o mesmo mérito da demanda principal: *'ma si tratta di un merito diverso da quelo a cui si referisce il provvedimento principale, cioè di un'azione cautelar, che hacondizioni distinte e independente da quelle proprie dell'azione principale' (Introduzione allo studio sistematico del provvedimenti cautelari, p. 141)"*. (Jurisprudência brasileira, v. 165, p. 114).

Assim apresentamos entendimento em nossa obra *Mérito da ação cautelar*: "quero ressaltar que esta investigação visa a delimitar os parâmetros do conteúdo da Ação Cautelar distintos dos da ação principal. Conceituando Mérito e compondo a controvérsia em um procedimento diverso" (Na obra citada, Porto Alegre: Sulriograndense. 1986, p. 9).

Conciliamos as duas doutrinas, entendendo, por empatia, o conceito daqueles que entendem a cautelar como sem mérito e simpatizando com o conceito de mérito próprio para as cautelares.

e) **Mérito mediato e mérito imediato**. Desta compreensão de motivos chegamos à conclusão de que não se há de negar as doutrinas, apenas considerá-las e utilizar seus conceitos. Daí, o mérito da demanda principal denominar-se como *mérito mediato*, mérito que não é o da cautelar. "Note-se, mais, que nada obsta possa a demanda cautelar ser julgada procedente, e improcedente a demanda principal" [...] "Refere Barbosa Moreira que o Código admite expressamente 'que alguém obtenha uma providência cautelar, e, no entanto, depois venha a sucumbir no processo principal' [JB 165, p. 114, voto do Min. Athos Carneiro, no citado REsp. 6.277-MG). *Mérito mediato* que deve ser explicitado na petição inicial da cautela. Ele, apesar de ser outro, não é desprezível. Enquanto o mérito da ação cautelar, o *mérito imediato* é que deve ser decidido no processo cautelar.

7.2. MÉRITO DA AÇÃO CAUTELAR: ESTRUTURA CONCEPTUAL

Como a linguagem jurídica contém não somente normas jurídicas como decisões e proposições declarativas, há que aclarar sua estrutura. São proposições que declaram alvo acerca da realidade. Verificam uma situação objetiva enquanto as normas descrevem uma situação do mundo pretendida por alguém.

A tutela cautelar é um modo de ser da tutela do direito, quer encontre atuação na sede jurisdicional, quer se exprima no âmbito administrativo. A natureza da tutela cautelar é voltada a previnir, sempre que possível, a deformidade do comportamento com respeito àquele normativamente descrito, ou seja, do produto da lesão. A situação substancial é incerta, o *periculum* se substancia na probabilidade da transgressão que a sanção possa resultar inútil ou difícil atuação.

a) **Pretensão da cautelar é distinta da pretensão da principal**. Daí decorre uma pretensão distinta na ação cautelar. E, em mais do que isto reside a autonomia técnica. O que interessa aqui é a estrita distinção entre as dimensões pragmáticas, sintáticas e semânticas, que é o que impede que os conceitos se movam em círculos, e nos permite expor um conjunto de opiniões lógico-sistemáticas.

1 - A dimensão pragmática do direito é sumamente essencial ao alcance de uma clara elaboração dos objetivos jurídicos. As lacunas da lei, que nesta matéria são extensas, podem ser eliminadas corretamente sem recurso ao sentimento subjetivo de justiça, quando, pelo menos, se conhecem os objetivos fundamentais do legislador.

2 - A dimensão sintática, desde o ponto de vista jurídico-processual, se ocupa do aspecto lingüístico do Direito, ou seja, lingüístico-formal, que significa conceituação, classificação e outros elementos constitutivos da

linguagem jurídica, esta considerada como signo linguístico (Carnap. *Introduction to semantics*. Cambridge. Mass. 1948, p. 12).

3 - A dimensão semântica corresponde à investigação que tem por finalidade a aclaração da relação das expressões da linguagem jurídica com a realidade. A aplicação de estruturas já conhecidas é útil para formular mais rápida e adequadamente as novas regras que se desenvolvem constantemente.

Tudo isto é notavelmente importante ao se perceber que a solução de um problema depende principalmente do modo como a questão é formulada e como a formulação de uma questão determina de antemão em grande medida a estrutura da solução, "freqüentemente a existência de estruturas é decisiva para a exatidão e rapidez da solução" (Schreiber, Rupert. *Op. cit.*, p. 25).

Desta maneira, está dada a base para a dedução das decisões jurídicas sobre a matéria. Tal como se verá em casos singulares da prática judiciária.

Uma proposição que viole a estrutura do Direito é inconstitucional, porque contrária ao Sistema Jurídico vigente que emana da Constituição e da Doutrina, e que a Jurisprudência consagra.

7.3. RESTRIÇÃO DA DISCUSSÃO EM MATÉRIA CAUTELAR

Não podemos evitar, no procedimento, a ocorrência de resposta que ultrapasse os termos da ação proposta, ou mesmo que, sem contestá-la, ataque outro ponto que não o objeto da demanda. Sem embargo, a resposta somente poderá contestar o pedido, atingindo somente os fatos e fundamentos que pretendam uma conseqüência através da ação intentada. A proposição contestatória que ultrapassa, requer uma decisão *ultra petita* (Será *ultra petita* a decisão que apreciar o mérito da ação principal na ação cautelar; será *citra petita* a decisão que apreciar o mérito da ação principal sem apreciar o pedido da ação proposta.).

Tais equívocos ocorrem mais comumente nas ações preparatórias, onde ainda não foi composta a lide principal.

A demarcação dos limites da contestação é dada pela ação proposta através da inicial; não pela que se virá a propor, que terá seu momento oportuno.

a) Responder a uma cautelar, e não a uma ação principal. A existência de uma resposta que atinja a questão principal não serve como "contestação antecipada". Porque se estabelece uma relação processual vinculada a um rito autônomo, quais fórmulas são distintas e são a expressão da lei.

O problema lógico desta não-inferência decorre do sistema processual em que se exigem distintas iniciais para ambos os processos. As proposições contestatórias que se caracterizam como *ultra petita* serão meramente desconsideradas por impertinência. Temos vinculado o significado da proposição contestatória dizendo que a determinação do limite do mérito é completada por ela; que tem de se abster ao processo para poder decidir o magistrado se a proposição é verdadeira ou falsa. Isto é, sem dúvida, uma limitação das possibilidades de expressão contraditória em nosso sistema processual.

b) Limitar o que é impertinente ao processo cautelar. Temos eliminado, então, todas as expressões que são proposições impertinentes, é dizer, que ultrapassem os limites da ação proposta. Esta limitação se entende ainda mais a dar a estas fórmulas uma interpretação lógico-sistemática. Assim, limitamos as proposições impertinentes. Não havendo outras pertinentes, há pena de revelia e suas conseqüências. E, não havendo contestação na ação principal, mais imediatamente se dará a revelia nesta.

c) **Rito e fórmulas inconciliáveis**. A limitação ao rito e as fórmulas inconciliáveis com o processo principal levam à autonomia processual. Temos agora de indicar que o processo cautelar não é um item do processo principal. Serão itens da sentença deste a condenação e as cominações legais daquele, porque fogem do caráter funcional da "cautela".

Com respeito ao sistema processual, é preciso entender que são ações desenvolvidas em procedimentos distintos.

Ressalte-se, sem embargo, que a maioria das vezes há que combinar a autonomia com a aplicação da conexão, restrita ao uso dos documentos comuns, especialmente aqueles que, em virtude da urgência, não possam ser anexados aos dois autos, seja quando a cautelar for preparatória, seja quando for incidente.

Já, na percepção da conexão, há que introduzir um controle a fim de evitar graves erros na observância da lei, recorrendo a uma união de atos processuais que contradigam todo um sistema jurídico.

7.4. ABRANGÊNCIA DA AÇÃO CAUTELAR

O que vale para a norma jurídica vale também para sistemas de normas jurídicas. O sistema introduzido pelo atual Código alarga a abrangência da ação cautelar a todo e qualquer procedimento existente, não importando caráter litigioso ou não. O autor pode valer-se desta ação quando a situação reclamar.

a) **O sistema processual oferece soluções para desigualdades processuais**. Este sistema oferece um vastíssimo rol de soluções para remediar problemas representados por desigualdades processuais entre as partes. Estendem seu âmbito, inclusive, àquelas situações em que a lei expressamente proíbe liminares. Exemplo clássico é a proibição de liminares contra a Receita

Federal. Esta norma visa a impedir uma decisão, ainda que por despacho, sem audiência do órgão, cujo interesse público é patente. E não, como querem alguns, a impossibilidade de qualquer decisão, anterior à da lide principal. Porque há um interesse muito maior e uma garantia muito superior hierarquicamente, que é o direito de ação, protegido e assegurado pela Constituição Federal, doutrina e jurisprudência. Negá-lo seria tornar ineficaz a postulação judicial, já que a ação cautelar visa unicamente a este fim.

7.5. AUTONOMIA TÉCNICA: AÇÕES CONEXAS, RITOS PRÓPRIOS, DECISÕES SUCESSIVAS

Como o ordenamento jurídico concede à cautelar o caráter de ação, disciplinando no Livro III o processo em que se desenvolve autonomamente, não se presta para discussão do mérito da ação principal. Isto não significa que esta ação não contenha uma questão de fundo. Tudo depende do conceito que se tenha sobre mérito; não há por que afirmar que a ação cautelar não o possua. Ao contrário, verifica-se uma situação de respeito ao sistema processual. Ela também é movida por um "motivo" que determina a demanda.

a) **É o art. 809, e não o 105, que faz com que a cautelar siga a ação principal**. A ação cautelar segue a ação principal, não por força do art. 105 do CPC, porém, pelo seu art. 809, uma vez que lhe reservou um livro específico.

É possível julgar e decidir simultaneamente em presença de liminar que não afete o direito de uma das partes. Contudo, é impossível compatibilizar *rito especial com caráter de urgência* e um *rito de instrução demorada*.

b) **Respeito ao caráter urgente da cautelar**. Também é necessário respeitar o caráter urgente da cautelar para poder sistematizar as disposições dos arts. 809 e 105, a Lei faculta ao juiz (art. 105) - "...poderá..." - como instrumento dado a ele com finalidade de evitar decisões conflitantes. Tendo obrigação de usar esta faculdade quando não houver empecilho: "...nada impedindo que possam ser reunidas..." (TA-MG 1ª Cam. Jurisp. cit. Paula, Alexandre de. *O processo civil à luz da jurisprudência.* vol. II, p. 105 - no mesmo sentido RF - 256/301; RT - 499/222).

c) Há possibilidade de reunião, e não obrigação. Havendo motivos que o impeçam, como ritos inconciliáveis, supressão de atos, alterações do procedimento designado pela lei como especial, caberá ao magistrado usar desta faculdade não reunindo as ações, ou não as decidindo concomitantemente, ainda que reunidas.

Porque a lei seria conflitante se obrigasse a reunião em todos os casos e designasse ritos e procedimentos que seriam incompatíveis uns com os outros a que se pretende conexão. A discricionaridade do juiz nunca é absoluta.

d) Possibilidade é alternativa. Esta "possibilidade" significa uma alternativa por força da lei, que não deve ser conflitante. Tendo em vista que o magistrado de primeiro grau está sempre à mercê de ver modificada a sua decisão pelo juízo *ad quem*, não poderá manipular a ação ou as ações de modo que interfiram na "devolução" da apreciação do feito.

O poder é, pois, sempre uma alternativa, ou opção, que a lei lhe confere. Só assim se pode questionar até que ponto esperar essa decisão simultânea será violar o direito das partes, ou de uma delas em particular. Ou o processo cautelar será retardado, ou o principal será apressado, havendo, por sua vez, transgressão do rito.

O julgamento de ações conexas pode ser simultâneo ou sucessivo. Temos que ter em conta que a reunião destas ações *não pode alterar o procedimento especial de qualquer delas* (TA-RJ Agr. 17.860, cit. p/Alexandre de Paula. *Op. cit.*, p. 107; e Agr. 91.697 ibid. pg. 108), ou seja, conexão não significa *"poder suprimir etapas procedimentais indispensáveis"*. (TA Civil SP - 6ª Câmara. Apelação 73.570. *Ibid.* pg. 110).

e) **A intenção do legislador não é a supressão do processo cautelar após a liminar.** Equivocadamente, em grande parte dos casos, ao concederem liminares, os juízes paralisam o processo cautelar como que terminado, transformando-o, assim, em simples "medida". A parte beneficiada com a liminar não lhe importa, de regra, a supressão deste processo. No entanto, a parte contrária, que contesta, produz provas, tem custos com o processo, o faz para nada, porque o processo foi, na prática, extinto com a liminar concedida sem audiência sua.

A intenção do legislador ao conceder um processo especial, com rito próprio, é justamente evitar que tais distorções aconteçam.

f) **A cautelar tem amplitude de ação.** A lei, ao dispor esta amplitude de *ação* com processo próprio de desenvolvimento de rito, dá a possibilidade de uma medida *urgentíssima* sem audiência da parte contrária, com caráter efêmero, até que a lide seja composta e, então, permita ao adversário expor suas razões contra-argumentando para, de posse dos dois lados da controvérsia, julgar e decidir. Havendo necessidade de prova (justificação) em audiência a realizará; caso contrário, prolatará de pronto sentença.

g) **Se o juiz pode manter a liminar até a sentença do processo principal é porque tem convicção para prolatar sentença no processo cautelar.** Por conseguinte, é lógico e óbvio que *se o juiz tem condições de manter a decisão liminar*, que foi dada em despacho sem audiência da parte adversária, *até a decisão do processo principal,* alterando o rito do processo cautelar, que é dinâmico, para procedimento ordinário, *é porque tem convicção suficiente para prolatar a sentença*. A persistir uma liminar sem sentença, estará este juiz a infligir ao Réu prejuízo, frustrando-lhe o uso do recurso correto, a apelação, impedindo a decisão de segunda instância.

h) **Inversão de rito e fórmula**. Tal atitude judicial viola a lei processual vigente, constituindo-se em inversão de rito e fórmulas processuais, causando, por sua vez, tumulto em ambos os procedimentos, confundindo-se no uso da técnica processual.

i) **Agravo de instrumento**. A parte prejudicada com esta supressão pode lançar mão dos recursos que a lei faculta; agravo de instrumento, se houver despacho. Pela urgência inerente ao caso, o agravo torna-se gracioso e inútil se não possuir uma medida assecurativa. Muitos optam pelo mandado de segurança que, contendo liminar, é um expediente eficaz (Guimarães, Marco Antônio Miranda. *Op. cit.* p. 13). Entretanto, a verdade é que o expediente processualmente mais acertado seria outra ação cautelar que desse certeza da utilidade do julgamento do agravo interposto.

j) **Correição parcial**. Mas, à presença da clara inversão de rito, tumulto e confusão processual, a melhor atitude é valer-se de um recurso jurisdicional-administrativo, a *correição parcial*, sem prejuízo do agravo, porque é o meio correto e eficaz para situações de tumulto processual ou inexistente de decisões.

l) **Ação, e não simples medida**. A evolução desencadeada pelo Código de 73 é imensa. Dá-nos uma ação, não uma simples medida. Todavia, esta plenitude é obstacularizada pela ausência de consciência profissional, pela falta de coragem de uma decisão definitiva, por desconhecimento e total desinteresse neste conhecimento. É como um aluno primário operando uma complexa calculadora científica; a maior parte de seu potencial ficará sem utilidade, podendo, até mesmo, danificar a máquina - engenho magnífico e delicado.

Não tem lugar aqui a justificativa para conexão em geral. É comum dizer-se que a conexão evita decisões contraditórias. O processo cautelar possui fins próprios, que são realizados independentemente da procedência ou não do processo principal. É o que se chama de "autonomia técnica".

O resultado de um não se reflete sobre a substância do outro, podendo a parte que logrou êxito na ação cautelar sair vencida na principal, ou vice-versa. Há conexão, e haverá decisão por sucessividade.

Em resumo, a ação cautelar (acessória) tem caráter de urgência e não deve aguardar decisão simultânea sob pena de violação do direito das partes. Se o juiz tem condições de dizer que a liminar permanece até o final do julgamento da principal, é porque tem condições de julgar a cautelar por sentença, ou seja, já chegou à sua convicção.

m) **Ausência de prejuízo a ambas as partes**. Somente quando não houver prejuízo às partes pela presença de contracautela (alguns casos) ou outra situação, poderá o juiz usar da faculdade que lhe investe o artigo 105 do ordenamento processual, porém, é caso especial.

A conexão visa a evitar decisões contraditórias no conhecimento. A cautela é objetivo da ação principal - "cautelar" - disposto em livro especial e não influi nos efeitos ou na decisão definitiva do processo principal, senão sobre sua *possibilidade útil*. "A conexão não pode alterar o procedimento especial de qualquer delas". (Paula, Alexandre de. *Op. cit.*, p. 108).

Assim, a decisão simultânea do processo cautelar e do principal ou altera o procedimento cautelar (especial disposto no Livro III), ou leva à supressão de etapas do principal (idem, p. 110).

7.6. PERIGO DA DEMORA

Pressupõe a existência de um prejuízo, ou sua iminência, que, sem atuação imediata do órgão jurisdicional, ainda que de modo provisório, é muito provável que nunca mais possa fazê-lo com eficácia.

"A mais das vezes a demora está representada pelo lapso que, necessariamente, decorrerá da tramitação de um pleito e trânsito da sentença à coisa julgada." (Peyrano. *Op. cit.*, p. 26).

Lapso durante o qual quem com freqüência não tem direito, *prima facie*, fortalece-se na situação de fato, inflingindo à outra parte inútil resultado final.

Tal medida serve ao valor "eficácia", i.é., uma predisposição a alcançar uma distribuição justa do que se litiga, no âmbito do processo civil.

O julgador tem de pesar devidamente: *os fatos, as provas, o perigo do dano, sua possibilidade e proporção*, comparando-os com as conseqüências da procedência da ação, porque de nada adiantaria conceder a cautela com o fim de impedir dano ou a inutilização do processo principal, se viesse a prejudicar a parte adversa, invertendo, apenas, o sujeito que sofre o dano. Vale dizer que a existência do dano se refere a fatos justificados, prováveis ou iminentes; a não ser que esta existência, dentro de uma situação, esteja fundada no dano provável ou iminente, que se reverterá à outra parte. E com isto é possível, desde o ponto de vista da livre convicção do juiz, é uma exigência fundamental comparar e pesar ambas as situações jurídicas, libertando as decisões sobre estas questões jurídicas substanciais da arbitrariedade das próprias distorções da interpretação simplista e uniprismática do juiz; indicando, em cada decisão, a situação da parte adversa, seja ela qual for, que será sempre quem sofrerá menos com esta sentença; mediante uma fundamentação precisa. Daí a necessidade de uma decisão completa.

Enfim, a cautela deve ser diretamente proporcional ao perigo do dano.

7.7. APARÊNCIA DO BOM DIREITO

Quem interpõe uma ação cautelar deve acreditar, sumariamente, que, a princípio, lhe assista razão. A realidade manda, e a verdade é que a excepcionalidade (plenamente justificada, tendo em conta seus eventuais resultados negativos) do ditado da diligência cautelar reclama do julgador um especial afinco na análise de todos os pressupostos que conduzam a sua decisão favorável, diz Peyrano.

A instrução deverá compreender uma atividade probatória elementar - justificação - todavia, não menos séria, tendente a acreditar na concorrência da conseqüência pleiteada para os fatos que informam o mérito da ação principal.

O resultado desta cognição sumária sobre a existência desse direito tem, pois, em todas os casos, valor não de declaração, senão na hipótese. Como a *sumária cognitio* contém não só a existência ou a possibilidade de um direito da parte ao processo, há que se aclarar a existência de um fato que ameace a eficácia do processo principal.

Ronaldo da Cunha Campos (citado por Humberto Theodoro Jr. *Op. cit.*, p. 76) conclui que o *fumus boni iuris* não corresponde propriamente à probabilidade da existência do direito material - porque qualquer exame sobre isto é objeto da ação principal - senão à verificação efetiva de que, realmente, a parte dispõe do direito de ação ao processo principal, o que é aqui tutelado.

Somente se verifica probabilidade e verossimilhança. Lopes da Costa afirma que "o dano deve ser provável". Possível é tudo sujeito à interferência das forças naturais e da vontade dos homens. Assim, "possível" abrange até o que rarissimamente acontece; é o que se consegue alcançar na previsão. "É a caminhada na direção da certeza", para ela propende, "apoiado nas regras da experiência comum ou experiência técnica".

O limite desta apreciação está no ponto em que a convicção do juiz retirará do processo a sua natureza própria.

Apreciar existência de algo que será objeto da ação principal sem nele influir, vendo haver possibilidade. Qualquer prova mais profunda é julgar fora dos limites da ação proposta, e, portanto, imprestável para este processo. O que interessa aqui é a estrita distinção entre as dimensões probatórias, que é a única a impedir que as investigações instrutórias se movam a invadir o processo principal, e exponham um conjunto de limitações, as quais podem gerar decisão oriunda de motivos plausíveis, sem indicar critérios objetivamente comprováveis, sobre os quais descansa a solução final da ação principal.

8 Processo Cautelar

8.1. PETIÇÃO INICIAL

A petição inicial dirige-se ao tribunal ou juiz competente à ação principal, contendo nome e qualificação dos sujeitos ativo (requerente) e passivo (requerido).

A intenção do requerente deve vir circunstanciada na inicial, expondo desde logo, resumidamente, a lide principal. Para os juízes, esta determinação legal é esclarecedora, tornando possível a avaliação da situação. Assinala-se que é essencial pormenorizar os fatos a justificar, dando-lhes sua fundamentação. É exigência legal (art. 801 CPC), são requisitos formais. O magistrado tem o prazo de dois dias para a decisão liminar (art. 189 CPC), não devendo ultrapassá-lo, por correr o risco de ocasionar dano gravíssimo ao autor, haja vista que em presença de uma decisão há possibilidade de recurso na instância superior; caso contrário, somente recursos administrativo-disciplinares contra o juiz, como a Correição Parcial, por exemplo.

As circunstâncias da ação principal e as da cautelar devem estar bem diferenciadas. A amplitude da controvérsia cautelar será limitada pela petição inicial.

A inicial informa "porque deve ser concedida a medida", seus fatos, fundamentos, demonstrando o *fumus boni iuris* e o *periculum in mora*, cuja presença acarretará a inutilidade da ação principal.

Articulam-se os fatos que originam o dano, ou a iminência, tornando possível sua fácil identificação. Não

AÇÃO CAUTELAR INOMINADA 93

podem ser confundidos com os fatos e fundamentos da ação principal, que são resumidos a fim de orientar o magistrado.

Lopes da Costa (*op. cit.*, p. 63) estabeleceu uma distinção nos fundamentos da cautelar: a) os fundamentos jurídicos da ação principal, de exposição sumária; b) os fundamentos jurídicos da ação requerida, razão justificativa dos fatos e conseqüências jurídicas pretendidas.

Há grande confusão, não-orientações, sobre o limite da discussão cautelar, e isto está a liberar errôneas interpretações, que acreditam na possibilidade de se desenvolver teses sobre o mérito da ação principal. Desta maneira, não distinguem ação cautelar da principal, reduzindo a uma mera medida processual.

O interesse não estará satisfeito quando se fazem tamanhos equívocos. A investigação deste tema tem que começar com a análise de questões fundamentais. A "cautela" se pretende através de uma *ação* que refere ao objeto da demanda, com relações processuais independentes, diferenciadas e específicas. Somente decidindo o seu mérito, não o de outra ação, se poderá dar uma solução satisfatória e legal para a questão.

a) **Valor da causa**. A melhor maneira de calcular o valor da causa será recorrendo ao montante do risco prevenido. Nem sempre a cautelar visa ao objeto da principal por inteiro, senão, apenas, à parte do interesse. Esta questão afeta a competência, e é precisamente por isto que se deve guardar, sempre que possível, o mesmo valor para a cautelar e a principal.

b) **Impulso oficial**. A inicial desencadeia os atos processuais e faz com que o processo se mova pelo impulso oficial. As testemunhas arroladas têm estreita relação com a urgência natural da ação proposta, daí a dificuldade de reunião e condução ao átrio do foro para a audiência. Vale-se a parte, então, do impulso oficial. Serão as testemunhas intimadas pelo Oficial de Justiça por mandado. Se houver exigência do Juiz para a audiência de Justificação, deve conceder prazo para arrolamento das provas que requer como condição para a concessão da medida.

8.2. O PEDIDO

Observa-se a existência de dois pedidos. Um sobre o plano material, a pretensão; o outro sobre o plano processual, citação e demais requerimentos necessários à instrumentalização do processo (testemunhas, depoimentos, perícias, cominações, etc.), em outras palavras, requerimentos para a obtenção dos meios com os quais se chegará ao objetivo do processo.

A pretensão se exterioriza no pedido, de onde se destacará, especialmente, o requerimento da concessão da cautela, tutelando a garantia da utilidade da ação principal; algo pelo qual se busca a intervenção do Estado e que se "pretende" através da invocação da "prestação jurisdicional".

Podemos reduzir a questão da pretensão à estruturalização do pedido sobre o plano material. A esta estrutura correspondem proposições que levam a uma conclusão. Sobre a base destas proposições está a razão dos fatos, a fundamentação.

Os fundamentos se encontram em relação aos fatos, com respeito à cautelar, na formulação do pedido. Para cada proposição temos de introduzir um fundamento, que gera determinada conseqüência, exteriorizando um pedido. Daí, temos que eleger um novo pedido (sobre o plano processual) para poder obter, dentro da mesma estrutura, todas as proposições que expressam o processo, ou seja, os instrumentos que levam à solução da demanda, logrando a relação processual, desencadeando os atos processuais.

A estrutura do pedido material se chama *"função conclusiva material"*, e o pedido processual se chama *"função conclusiva processual"*.

a) **Proposições de ordem material determinam uma conseqüência que é pretendida através de uma *função conclusiva*.** Esta função contém requerimentos de ordem *material*. É a forma de externar a pretensão. Tomemos a regra legal: "o pedido deve ser certo e determinado". Em outras palavras, isto significa que qualquer elemento desta função está delimitando e compondo a lide, o que proporciona ao réu a contestação desse pedido e ao juiz a decisão. Isto porque cabe ao autor, e não ao juiz, determinar o pedido a que correspondem os fatos e fundamentos de sua pretensão.

Esta função no processo cautelar é o requerimento de uma atitude jurisdicional imediata, urgente, em presença do *fumus* e do *periculum*. Neste âmbito, é pedir a garantia da prestação da tutela jurisdicional reclamada na ação principal, determinando de que forma este objetivo pode ser alcançado, especificando a maneira com a qual esta garantia será satisfeita, atingindo, assim, igualdade processual das partes.

b) **Mediante o requerimento da citação do réu para resposta, em cinco dias, aos termos da inicial, querendo significar.** Dentro dos seus limites propostos, todos os demais instrumentos que levam ao desenvolvimento do processo têm de ser requeridos.

8.3. JUSTIFICAÇÃO DE PROVA

O procedimento cautelar não requer juízo de certeza, como é sabido. Quando o valor "verdade" cede ao valor "probabilidade" em combinação com os fatos, ordena um juízo concludente: é a justificação dos fatos.

Calcula-se o valor verdade, como objetivo abstrato (va), com o valor probabilidade (p), donde subtrai-se a certeza (c), chegando ao valor "fatos justificados" (fj):

$$"fj = (p + va) - c"$$

À valoração destes *fatos justificados* a incógnita da equação é a *justificação*, que dependerá do grau de probabilidade, variável conforme o caso. Sempre que a valoração da probabilidade for inferior à "verdade abstrata" os fatos não estarão justificados:

$$"p < va \Rightarrow f \tilde{n} j"$$

O valor matemático de "j" é (zero). Sendo o valor da probabilidade (p) inferior à verdade abstrata (va), sobrará, além da certeza (c), a abstração da verdade, ou seja, o direito em abstrato. Assim, não necessita da prova de certeza. O valor quantitativo da variável "p" dependerá da análise de fatos e fundamentos.

8.4. CONTRACAUTELA

É uma medida que o juiz pode tomar para diminuir o risco do uso abusivo das medidas cautelares, impondo ao requerente que preste caução a fim de ressarcir os danos que o requerido possa vir a sofrer (art. 804).

A caução pode ser real ou fidejussória (art. 826), entretanto, é mormente em dinheiro, suficiente e bastante para assegurar o ressarcimento do possível prejuízo.

No entanto, a inserção do instituto no nosso Direito é um tanto infeliz, porque tende a forçar a aplicação, tornando extremamente dificultosa à medida que se impõe devida a uma situação de urgência. Vincula a concessão das "cautelares" a um pressuposto inaceitável - o poder econômico.

a) **A contracautela não é requisito para concessão de cautela.** O qual não pode, sob circunstância alguma, orientar as decisões. Neste sentido, Galeno Lacerda afirma criar uma situação muito difícil para o requerente de boa-fé. Esta situação referida não é de todo catastrófica, pois o Código não condiciona as "cautelares" a este instituto; somente a comodidade de alguns julgadores (como bem acentuou Peyrano) é extremo perigo para a própria existência do *Processo Cautelar*.

O processo cautelar existe para suprir necessidades prementes que não possam ficar à mercê da disponibilidade financeira momentânea (justamente o oposto ocorre em situações de urgência). E o instituto da *contracautela*, aplicado excessivamente, desvirtuará a natureza do processo cautelar. Uma vez que estas, a mais das vezes, se fazem necessárias, porque os danos serão, provavelmente, irreparáveis, intrinsecamente de natureza contrária à da contracautela.

Seria verdadeiramente uma violação processual exigir-se como requisito essencial das "cautelares" prestação de caução - o que certamente deve ser extremada exceção dentro da própria exceção da situação que as exige.

A "cautelar" deve ser apreciada livre de pressupostos e preconceitos que exijam reparações cômodas e indefinidas; há de ser analisada abertamente aos princípios do Direito, e ao elevado senso de responsabilidade inerente a cada julgador, a fim de expulsar orientações ultrapassadas e inadequadas, atitudes cômodas, definindo situações novas, urgentes, tutelando eficientemente o interesse da parte. Apresentando a decisão apreciada alto conceito jurídico, dizendo, "aqui e agora", qual o direito aplicado ao caso concreto, cautelarmente, através da avaliação da plausibilidade com as provas apresentadas que a justifique.

Não se deve negar a intenção filosófica do instituto, porém, sua aplicação prática, pelo bom-senso, terá de ser restringida quase à inexistência; e, sempre que os fatos justifiquem a medida e presentes as condições da ação cautelar, alijada da esfera do nosso Direito.

8.5. CONTESTAÇÃO

Através da petição inicial, o Autor desencadeia uma série de atos jurisdicionais e administrativos com o fim de ver satisfeita sua pretensão. Provoca, assim, a resposta do réu, que poderá vir em forma de contestação e/ou exceções.

Esta participação do sujeito passivo da relação processual informará o limite da discussão. Também é nela que se concluirão os argumentos do mérito, porque o réu tem de alegar toda a matéria de fato e de direito, com o fim de convencer o juiz a decidir desfavoravelmente à pretensão do autor, i.é., declarar improcedente a demanda.

Os fatos que então não forem contestados serão considerados incontroversos. Os documentos que não forem apresentados e as provas que não forem constituídas à contestação perdem, posteriormente, a oportunidade de sê-los.

O juiz não está vinculado à vontade das partes na norma que aplicar o processo lógico necessário para tal determinação e declaração do fato dos elementos de prova oferecidos pelas partes (motivação). Para satisfação do interesse dos demandantes não é essencial que o juiz siga o mesmo caminho exposto para sustentação do interesse pela parte. (Rocco, Alfredo. *Op. cit.*, p. 188)

a) **Preliminares**. As alegações do demandado poderão alcançar questões referentes ao processo, que poderão coincidir com as do processo comum, ou da ação principal; dentre elas: defeito de citação, falta de condição da ação, incompetência absoluta; inépcia da inicial, como exemplos.

Também o valor da causa pode ser impugnado, através de processo apartado, com arrazoado que sustente a posição tomada; constitui novo objeto, é uma outra demanda.

b) Mérito

1 - Os elementos da contestação são proposições, de regra, contrárias às proposições expostas através da inicial. Têm como objetivo desconstituir, justamente, estas proposições como premissas da conclusão desejada pelo autor, vale dizer, que pretende afastar a convicção do juiz daquela conclusão, com o intuito de ativar o processo lógico de raciocínio para uma decisão distinta da pretensão do demandante.

2 - Cria-se uma sistemática para opor-se à pretensão do requerente, onde o requerido pode assumir várias posições, tal qual na ação principal. Na formação do "sistema contestativo" integram-se quatro grupos de proposições coordenados, de modo a constituírem um todo científico, que reúnem as possibilidades de oposição.

Proposição contrária aos fatos da inicial. A contestação se atém à negação dos fatos em que o autor fundamenta o pedido. A demonstração da negação pressupõe a constituição de prova em contrário, que se pode obter pelos meios de prova (à disposição das partes pelo código processual), mais imediatamente pela apresentação de documentos, mais complexamente pela audiência de testemunhas e realização de perícias.

Proposição contrária às conseqüências pretendidas na inicial. Resultado da incontrovérsia dos fatos, a questão restringe-se à proposição "conseqüência jurídica". Pois existe a possibilidade de se obter concordância de fatos que permitam uma divergência apenas sobre a interpretação da norma a regular a relação jurídica decorrente. A inferência desta proposição pode se dar por aceitação expressa ou tácita dos fatos, cuja premissa maior deve ser demonstrada através de um raciocínio lógico que leve o juiz a segui-lo.

Proposição de novos fatos. Quando o legislador outorga proteção jurídica frente a uma situação de interesses, também outorga proteção a outras situações que, concomitantes, modifiquem, impeçam ou extingam aquela, inferindo a proteção desta concomitância.

Proposição da "exceção substancial". Como para refutar as proposições da inicial sem valer-se das proposições anteriores, é suficiente demonstrar que há existência de fatos que tenham por conteúdo um direito do demandado, que obste efeitos aos fatos afirmados pelo demandante.

c) **Falta de discordância dos fatos.** À verificação de uma questão puramente de direito, temos a indicação de uma apreciação imediata, de tal modo que possamos ultrapassar desnecessárias audiências e produção de provas, verdadeira tautologia, desde que não haja controvérsia fáctica, atendendo, assim, o caráter urgente da ação cautelar.

A razão pela qual se requer transpor as etapas procedimentais de constituição de prova reside em que as proposições conflitantes são demonstráveis pela investigação doutrinária.

8.6. AMPLITUDE DA CONTESTAÇÃO

Não se pode evitar, no procedimento, a ocorrência de resposta que ultrapasse os termos da ação proposta, ou mesmo que, sem contestá-la, ataque outro ponto que não o objeto da demanda.

Sem embargo, a resposta somente poderá contestar o pedido, atingindo somente os fatos e fundamentos que pretendam uma conseqüência através da ação intentada.

a) **Contestações inadequadas ao processo cautelar.** A proposição contestatória que ultrapassa requer uma decisão *ultra petita*: será *ultra petita* a decisão que apreciar o mérito da ação principal na ação cautelar.

Será *citra petita* a decisão que apreciar o mérito da ação principal sem apreciar o pedido da ação proposta.

Tais equívocos ocorrem mais comumente nas ações preparatórias, onde ainda não foi composta a lide principal.

A demarcação dos limites da contestação é dada pela ação proposta através da inicial; não pela que se virá a propor, que terá seu momento oportuno.

b) **A contestação da cautelar não serve como contestação antecipada da principal.** A existência de uma resposta que atinja a questão principal não serve como "contestação antecipada", porque se estabelece uma relação processual vinculada a um rito autônomo, quais fórmulas são distintas e são a expressão da lei.

O problema lógico desta não-interferência decorre do sistema processual em que se exigem distintas iniciais para ambos os processos.

As proposições contestatórias que se caracterizam como *ultra petita* serão desconsideradas por impertinência.

Temos vinculado o significado da proposição contestatória dizendo que a determinação limite do mérito é completada por ela; que tem de se ater ao processo para poder decidir o magistrado se a proposição é verdadeira ou falsa. Isto é, sem dúvida, uma limitação das possibilidades de expressão contraditória em nosso sistema processual.

c) **Revelia na cautelar.** Temos eliminado, então, todas as expressões que são proposições impertinentes, é dizer, que ultrapassam os limites da ação proposta. Esta limitação se estende ainda mais a dar a estas fórmulas uma interpretação lógico-sistemática. Assim, limitamos as proposições impertinentes. Não havendo outras pertinentes, há pena de revelia e suas conseqüências. E, não havendo contestação na ação principal, mais imediatamente se dará a revelia nesta.

d) **Confissão pela contestação equivocada.** Se a contestação da cautelar não se refere ao mérito da ação cautelar, mas ao mérito da ação principal, há confissão quanto à matéria de fato se os fatos alegados para a composição da questão de mérito não forem tocados. Se a contestação da cautelar, ao contrário, se referir ao mérito da cautelar e ao da ação principal, mesmo assim, não serve de contestação antecipada e se, embora contestada a ação principal por peça própria, não tocar em fatos que foram antecipadamente tocados na cautela, haverá confissão quanto a estes fatos não contestados no processo principal. É no processo principal que devem ser discutidos todos os fatos, e não colher-se fatos do processo cautelar para juntar com o processo principal. Mas, mesmo assim, há uma tendência de, nesse caso (quando parte dos fatos que integram o mérito da principal forem contestados na cautelar), o juiz não aplicar a confissão.

Apenas os documentos de um é que não precisam ser os mesmos do outro (não é preciso repeti-los), basta que estejam anexados a um ou a outro.

e) **Reflexos da autonomia na contestação.** A limitação ao rito e às fórmulas, inconciliáveis com o processo principal, leva à autonomia processual. Temos agora de indicar que o processo cautelar não é um item do processo principal. Serão itens da sentença deste a condenação e as cominações legais daquele, porque fogem do carácter funcional da "cautela".

Com respeito ao sistema processual é preciso entender que são ações desenvolvidas em procedimentos distintos.

Ressalte-se, sem embargo, que a maioria das vezes há que combinar a autonomia com a aplicação da conexão, restrita ao uso dos documentos comuns, especialmente aqueles que, em virtude da urgência, não possam ser anexados aos dois autos, seja quando a cautelar for preparatória, seja quando for incidente.

Já, na percepção da conexão, há que introduzir um controle a fim de evitar graves erros na observação da lei, recorrendo a uma união de atos processuais que contradigam todo um sistema jurídico.

8.7. EFEITOS DA RESPOSTA DO SUJEITO PASSIVO

No processo principal, o requerido pode apresentar tipos de respostas.

No processo cautelar, há algumas respostas que são inadequadas, como a reconvenção ou contestar equivocadamente (contestação do mérito mediato ao contrário do imediato). Analisamos, aqui, as respostas do sujeito passivo.

a) **Reconvenção**. A natureza da reconvenção é diversa da natureza do processo cautelar, onde não há lugar para ela. Reconvenção é ação do réu contra o autor no mesmo feito e juízo em que é demandado. (Paula Batista. cit. por Santos, Moacyr Amaral. *Primeiras linhas de Direito Processual Civil*. 3.ed. v. 2. São Paulo: Saraiva, p. 194, 1977).

É necessária a identidade de ritos e em procedimento que não o ordinário tomará este rito. Desta maneira é incompatível com o rito do processo cautelar.

A natureza urgente do processo cautelar retira o nexo jurídico necessário entre reconvenção e ação ordinária ou fundamento da defesa oferecida que justifique o seguimento no mesmo processo da ação do autor. Não se pode crer que, somente após a citação, teve o réu necessidade de propor ação idêntica; assim, carece da condição de formação do mérito; e, antes disso, por impossibilidade jurídica e falta de interesse processual.

O pedido de indenização por parte do demandado não empresta caráter reconvencional, haja vista que é decorrência de expresso dispositivo legal (art. 811 do

CPC). Não há necessidade de ação própria, nem pedido reconvencional, porque afeto ao próprio processo (Lacerda, Galeno. *Op cit.*, p. 440).

b) **Ausência de contestação**. A inexistência de resposta do Réu importa em revelia ou contumácia.

A fim de apresentar a estrutura lógica, sintetizamos as conseqüências processuais: a) continuidade do processo sem audiência do Réu; b) art. 803 do CPC *in fine* - o juiz decidirá o pedido em cinco dias. Prevalecem, então, as regras do procedimento ordinário.

Nota-se aqui que a revelia não significa decisão favorável. O juiz tem livre apreciação e convicção, atento que sobre os fatos não haverá dúvidas, apenas sobre o direito. Ademais, de ofício, antes de chegar ao mérito, tem-se o exame dos pressupostos processuais e condições da ação. Afinal, à revelia cautelar aplicam-se os artigos 320, 321 e 322 do ordenamento processual, ficando assegurado ao Réu direito de interferir posteriormente no transcurso do processo.

Não há relação entre os efeitos da revelia na ação cautelar, como processo autônomo e ação principal.

A revelia cautelar não ultrapassa seu âmbito.

c) **Contestação equivocada**. Ainda que exista contestação no processo cautelar, sua existência na ação originária é absolutamente necessária, as restantes especulações não são realidade.

Assim, como ação principal requer nova inicial, também requer nova contestação, porque cinge-se ao mérito da ação contestada; significa dizer, deve respeitar os limites impostos pela demanda que não são determinados pelo contestante.

Fatos articulados parcialmente contestados, ou simplesmente não contestados, acarretam admissão de veracidade e faz incidir a regra do artigo 803 *in fine*, do já citado Código.

Não se trata, porém, de revelia, sendo que as intimações se darão normalmente ao Réu. Mesmo que a contestação se refira ao mérito da ação originária, não sendo contestados os fatos articulados na inicial, há admissão deles e não tem cabimento discuti-los. O Réu não pode pretender justificar fatos que se têm como incontroversos.

Fatos outros que modifiquem, impeçam e extingam direito do demandante à pretensão importarão na sua apreciação, sendo, talvez, a critério do juiz, necessária instrução para justificação deles. Contudo, se tais fatos não forem pertinentes ao processo cautelar, consideram-se inexistentes, ou melhor, imateriais.

8.8. RITO DO PROCESSO CAUTELAR

O rito do processo cautelar inicia-se com a petição inicial, que expõe um pedido de cautela.

Há o despacho que recebe a petição. E quando houver pedido de liminar, no despacho o juiz poderá conceder a liminar, determinar audiência para justificação de prova ou indeferir a liminar.

De qualquer forma, se não indeferir a inicial, o juiz ordenará a citação do sujeito passivo. A citação desencadeia uma expectativa de resposta do requerido, com o objetivo de alcançar uma sentença, que deve conter a atividade da decisão, com fundamentação, nos termos do art. 93, IX, da Constituição Federal. Nesta decisão, o magistrado deve se ater à substância da questão a ser decidida no processo cautelar, sem confundir-se com o mérito mediato.

Por isso seria importante o leitor considerar que a cautela deveria ter três estágios de avaliação obrigatória pelo magistrado:

1 - A cautela temporária *interim*, cautela concedida *inaudita altera parte* até a resposta do réu;

2 - A fase da cautela *interlocutória*, quando o juiz recebe a contestação da cautelar (contesta-se o mérito da cautela - mérito imediato, não o da ação principal - mérito imediato) procede uma decisão interlocutória em vista de ambos os articulados. Aprecia a inicial e analisa a contraposição do requerido. Aí, se perceber que precisa haver "justificação de prova" - a instrução em rito cautelar (não a instrução do processo comum), e permanece o perigo até lá, procede a decisão de manutenção de cautelar;

3 - E a cautela *permanente*, quando o juiz, depois da instrução, permanece convicto da necessidade da cautela e resolve manter a cautela por sentença.

Acreditamos que o leitor não perderá de vista que a rigor de boa técnica seria aconselhável que o julgador procedesse um despacho quando do pedido liminar (*interim*), outro após a contestação (*interlocutória*) e uma sentença após a instrução (*permanente*).

Realmente, merece a atenção o fato de que se o juiz não despacha pela continuidade da cautela após a contestação, ele está decretando sua continuidade. Não revogando a cautela, ela é mantida.

Mas o respeito pelo contraditório é que requer a manifestação do juiz.

A cautela *interim*, aquela concedida liminarmente *inaudita altera parte*, não está acobertada pelo contraditório. É o contraditório a marca registrada da democracia, da liberdade.

Parece-nos que em respeito a esse princípio deve o magistrado ler, analisar e decidir sobre o caso após a contestação, após o requerido exercer a contradição. É por isso que nos países de tradição democrática a cautela *interim* só tem vida até a manifestação contraditória da parte adversa. Seria útil pensar sobre esse proceder como um mandamento constitucional. A medida *inaudita altera parte* deve ser uma exceção, e não a regra. Quando o magistrado concede alguma coisa sem audiência da parte interessada, está procedendo uma violência aos direitos constitucionais da parte. Mas, pela urgência se justifica a exceção, quando presentes o *periculum* e o *fumus*.

No entanto, quando a parte vem integrar a lide, quando a parte compõe o litígio, respondendo, no momento em que apresenta a contestação, quando contraria, o magistrado que não se manifesta sobre o fato desconsidera o contraditório.

Esta desconsideração é constitucional? Parece-nos que não. Portanto, em respeito ao contraditório, é válido considerar que há necessidade de o juiz pronunciar-se sobre a manutenção da liminar tão logo despache a contestação, mostrando que leu, compreendeu e faz um juízo de valor e, por isto, decide manter ou não a cautela. Em respeito ao contraditório.

O que separa uma ditadura da democracia é o princípio do contraditório. Por conseguinte, cremos que o leitor não deixará de perceber que a desconsideração dessa contradição é desconsideração direta da constituição.

Veja-se que o juiz analisa uma petição inicial de cautelar com pedido liminar com fatos trazidos por uma parte apenas. Vem a contradição, e o juiz nada muda, nada manifesta, parece que desconsidera. Parece que está convicto, parece que não precisa de contradição para decidir. O magistrado então se basta, sabe o suficiente, conhece o que deve?

Perceba o leitor que essa aparente autonomia é fruto de um desvio da função jurisdicional. A maneira de manter uma decisão não decorre de quem diz primeiro ou convence melhor. Como pode alguém, sem parcialidade, ficar convicto sem nem mesmo saber o outro lado da história?

É aconselhável pensar sobre isto ao examinar-se a resposta do réu da cautela. Infelizmente percebe-se que existe um uso abusivo da cautela.

Então o que ocorre por não haver o pronunciamento do juiz com a contestação? A parte requerida que teve contra si deferida uma medida liminar *inaudita altera parte* sabe que não adiantará nada a sua contestação, não terá qualquer efeito. Não terá qualquer efeito porque o contraditório não existe de fato, é uma mera formalidade.

Assim, para que se opere o verdadeiro efeito do contraditório, ser ouvido e ter decisão sobre sua contraposição, a parte requerida interpõe *agravo de instrumento* e impetra um *mandado de segurança* para dar efeito suspensivo a este agravo, ou sede o efeito suspensivo (ver adiante o *writ* e o novo agravo)

Para uma simples contestação usa um recurso para o segundo grau. A anomalia faz com que se suprima uma instância. O juiz, se conceder a liminar *inaudita altera parte*, deve concedê-la temporariamente (*interim*) até que se opere a contradição. Com a contradição, nova fase, o juiz aprecia se mantém ou não a liminar em face da contestação. Uma coisa é decidir sem audiência da parte requerida; outra, diferente, é decidir sobre um pedido e uma resposta.

Os abusos, tão freqüentemente falados na doutrina e na jurisprudência sobre o uso das cautelares, facilmente desaparecem e há moderação no uso das cautelares ao decidir a manutenção da liminar com a contestação. Fases que a jurisprudência pode muito bem aplicar pela interpretação direta da constituição: cautela *interim*, *inaudita altera parte* somente vale até a resposta. Aí, o juiz, cuidadosamente, lê a contestação e decide se deve manter a cautela ou não, até que se faça a instrução probatória cautelar (justificação apenas, não prova plena). Após a instrução, se está convencido, profere sentença. Com a sentença, o réu poderá apelar, sem ficar preso a uma decisão pendente que está permanente, o que é uma anomalia, pois a parte tem o direito de ter uma decisão.

a) **Petição inicial e pedido**. A petição inicial deve vir circunstanciada da intenção do requerente com descrição pormenorizada dos fatos a justificar, bem como se necessário, a inclusão do rol de testemunhas para a audiência de justificação de prova.

Se o julgador sentir necessidade da ouvida de testemunhas, não as tendo o autor arrolado na inicial, deverá o mesmo conceder prazo para tanto, dando-se suas intimações pelo "impulso oficial". Dependerá das condições que tenha o autor de reuni-las, e a premência e urgência não podem, então, surgir como argumento para alijar tal princípio deste procedimento; ao contrário faz, justamente aí, seu uso mais eficaz; devendo o magistrado determinar o mais urgente cumprimento das intimações por mandado, devendo conter os requisitos prescritos no art. 801 do CPC.

De posse da exposição da lide e das razões que a determinam, bem como, pela explanação dos motivos da medida solicitada, sabendo-se haver ou não prova a ser produzida em caráter de justificação (audiência de justificação), o julgador poderá analisar acuradamente podendo então decidir no prazo de dois dias (conforme art. 189 do CPC).

Necessário também se faz que nela se requeira a citação do requerido, sob pena de revelia e confissão no prazo de 5 dias (conforme art. 803 do CPC), porque o juiz não inicia processo algum sem que mande de início citar a parte passiva. Igualmente necessária é a colocação do valor da causa.

O pedido desdobra-se em dois:

1 - Sobre o plano processual - citação e outros pedidos processuais (pedido de produção de prova, etc.);

2 - Sobre o plano material - pretensão (Lopes da Costa. *Medidas preventivas*. Sugestões literárias. 1966). E o objeto do pedido é a medida que se quer obter.

Como o processo cautelar é incidente ou preparatório ao principal, os fundamentos da ação cautelar devem ser: a) os fundamentos jurídicos da ação principal; b) os fundamentos jurídicos da ação requerida, fundamenta a sua necessidade. (Lopes da Costa. Idem)

b) Despacho Judicial. Há três possibilidades (não acrescentando a hipótese de sentença terminativa por rejeição da inicial, decisão da qual caberá apelação) para a decisão do julgador: *concessão da Liminar; designação da audiência de justificação; não-concessão da liminar.*

Concessão da liminar. O juiz despachará a inicial, decidirá sobre os fatos requeridos e justificados sem a audiência da parte contrária mandando expedir "mandado de intimação e citação", intimando a parte da medida concedida a qual deverá, a partir de então ser cumprida, devendo constar que a decisão poderá ser modificada (revogada) e citando-a para que o requerido venha ao processo contestar na forma da lei, sob pena de revelia e confissão.

Designação da audiência de justificação de prova. Poderá, caso lhe falte convicção dos fatos que justificam a concessão, designar audiência para, nela, serem justificados os fatos.

Esta audiência deverá ser *inaudita altera parte*, a fim de evitar eventuais riscos de casos em que o interessado poderia frustrar a finalidade do processo. Neste despacho, o juiz designará a audiência para prazo extremamente curto.

Em casos em que o requerente não tenha juntado rol de testemunhas, poderá fazê-lo nos termos do art. 407 do CPC. Poderá apresentar as testemunhas, entretanto, deverão, se não requerido contrário, ser intimadas por Oficial de Justiça, porque se trata de ato "que acarreta o chamamento de pessoas estranhas à relação processual: *testemunhas*. Há, pois, dificuldade em conduzir as testemunhas arroladas na inicial, por estarem mais ligadas, às vezes, à parte contrária" (Miranda Guimarães, M.A. *Op. cit.*, p. 53).

O caso de *colaboração das partes* só poderá ocorrer se for efetivamente requerida pela parte; caso contrário, não havendo comparecimento, será aplicado o disposto no art. 412, § 1º, do CPC podendo frustrar totalmente o processo. E, se tal ocorresse, extinguir-se-ia a própria finalidade e utilidade do processo cautelar.

O princípio do *impulso oficial* torna obrigatória a intimação pelo Oficial de Justiça (art. 262 do CPC) porque é chamamento de pessoas estranhas à *relação processual partes-juiz*.

Além do que, em caso que testemunha não compareça, deverá ser conduzida pela autoridade competente, a requerimento da parte.

Neste despacho deverá o juiz apenas limitar-se a designar a data da audiência, expondo suas razões, não mandando citar o requerido.

Indeferimento da liminar. Do indeferimento da liminar sem designação de audiência deverá o juiz, por bom-senso, intimar primeiro o requerente da sua decisão para que decida que recurso tomar, se citar o requerido, recorrer da decisão, ou retirar a ação. Isto se deve ao fato de que o juiz pode ter entendimento diverso de julgadores de instância superior, e a citação poderá tornar inútil o processo se, posteriormente, estes venham a decidir pela concessão da liminar, ou realização da audiência.

c) **Citação**. Contado da citação, o requerido deverá em cinco dias contestar a ação sob pena da revelia.

A revelia não implicará à aceitação dos fatos fora do âmbito da "cautelar". Esta não aproveitará e tampouco se alargará às margens do processo principal ou qualquer outro que verse sobre o mesmo objeto.

Cumpre ao juiz determinar a imediata citação do requerido, sob pena de tornar-se inútil o processo. A demora na citação constitui violação de direito líquido e certo do autor (sanável por via do mandado de segurança), uma vez que este tenha requerido na inicial. É, pois, dever do juiz da causa, após ultrapassadas as fases "sem audiência da parte contrária", mandar citar o requerido através da expedição de mandado para Oficial de Justiça.

A devolução de mandado pelo Oficial de Justiça deve, igualmente, ser juntada aos autos imediatamente após a citação, evitando, assim, danos irreparáveis, pela demora, cumprindo, também, ao juiz, assinar-lhe o prazo, cabendo ao advogado a fiscalização, porque, definitivamente, apesar da confusa redação do art. 811, II, o prazo começa a correr da juntada do mandado de citação aos autos.

d) **Resposta do requerido.** Ao sujeito passivo da relação processual é dado o direito de apresentar contestação e exceção que achar conveniente. Respeitará as regras comuns aos demais tipos de procedimento, salvo as peculiaridades do processo cautelar. Deverá aduzir de seus motivos, mostrando as razões da improcedência da inicial, e, caso haja liminar, aduzir dos motivos que deverão afirmar a convicção do julgador para revogá-la.

Se for reclamada prova oral (de ambos os lados) fora da audiência de justificação, o juiz designará *Audiência de Instrução e Julgamento* (803, parágrafo único), onde se verificará a coleta de elementos de convicção e os debates orais, que poderão ser substituídos por memoriais escritos, bem como a prolação da sentença.

Entretanto, havendo a revelia, haverá controvérsia apenas sobre as questões de direito.

Reduzem-se, obrigatoriamente, as provas a informações sumárias que justifiquem a decisão a ser tomada. Porque jamais é possível esquecer da *emergência do perigo* (Humberto Theodoro Júnior); e, como afirma Carnelutti, "o processo cautelar se desenvolve sob o estigma do urgente e do provisório".

Nesta fase do processo é que a cautela se torna interlocutória. Se tiver sido concedida liminarmente, cabe ao juiz, como vimos acima, pronunciar-se, em respeito ao contraditório, sobre a manutenção da cautela.

e) **Constitucionalmente cautela *interim* só vale até a resposta do requerido.** É nossa opinião que a cautela concedida liminarmente, que classificamos como cautela

AÇÃO CAUTELAR INOMINADA **113**

interim, só vale até o despacho da resposta do requerido. Por interpretação do art. 5º, LV, da Constituição Federal. Aqui há violação direta à Lei Maior.

Diz a Carta Magna: "aos litigantes [...] são assegurados o contraditório e a ampla defesa, com os meios e recursos a ela inerentes". É básico em processo que o juiz só decida quando a parte adversa contradiga, ou tenha tido a oportunidade.

O juiz deve se manifestar, decidir fundamentadamente.

Ora, se o juiz decidiu antes da contradição, o fez porque havia risco e aparente direito.

Agora, após a resposta, tem de se manifestar. Pode ser que a necessidade permaneça, mas só se forem analisados os articulados da contestação. Só aí há o contraditório. Sem essa manifestação não houve contraditório, o processo é nulo.

Poderia se dizer que o juiz decidiu implicitamente. Mas, seria útil, talvez, considerar que a decisão deve ser expressa, que o princípio básico do Estado de Direito é a fundamentação à expressa manifestação do órgão judicial.

Assim, cautela *inaudita altera parte* é *interim*, excepcionalmente temporária, só vale até a decisão contraditória com a contestação, aí, se o juiz decidir que deve permanecer, assim o decidirá, é o que se denomina de *cautela interlocutória*.

f) **A cautela interlocutória só vale até a sentença.** A cautela *interlocutória*, por sua vez, é também temporária, só até a sentença.

O leitor, com sua vivência no dia-a-dia forense, facilmente verá que basta este respeito ao contraditório para diminuir o que comumente se chama de uso abusivo das cautelares.

A sociedade brasileira é uma sociedade muito radical, com origens muito fortes no fascismo italiano e muito influenciada pelo pensamento corporativista. Somente o Judiciário escapa a esta influência e por quê? Por decorrência do princípio básico do contraditório.

É impressionante o poder que "ouvir os dois lados" tem sobre o autoritarismo. O simples fato de ouvir um lado, ouvir o outro e ter de decidir fundamentadamente, pesando o argumento de cada parte, reduz enormemente esse autoritarismo.

Uma sociedade só é influenciada pelo fascismo ou corporativismo quando as pessoas só ouvem a si mesmas, quando as pessoas se negam a ouvir argumentos de outras pessoas. Ao ouvir esses argumentos, essas explicações, colocar-se no lugar daquela pessoa ou pessoas, já fica mais difícil ser autoritário ou até parcial, se o sistema é todo voltado para impedir a parcialidade.

Então, o Judiciário é bom porque o sistema é bom. Os juízes são bons porque o sistema é bom. Se o sistema fosse ruim, se não houvesse o contraditório e a fundamentação, não teríamos um Judiciário tão bom. Lembre-se o que dizia o Desembargador José Faria Rosa da Silva: "a Justiça deve ser rápida, mas não a ponto de prejudicar o direito das partes, quando ministrada com excessiva celeridade" (*Jornal Correio do Povo*, 18.7.76).

Apesar de algumas críticas, o Brasil tem um excelente sistema judiciário, especialmente o Estado do Rio Grande do Sul.

Ouvir a outra parte não é apenas um fim em si mesmo; a parte deve ter a oportunidade de que sobre a sua contradição haja manifestação, decisão, quanto mais em presença de uma decisão precedente que não lhe escutou. O juiz tem o dever constitucional de manifestar-se tão logo tenha em mãos a contradição. Só assim é assegurado ao litigante o contraditório e ampla defesa.

g) **Sentença.** "Exigem-se à sentença fundamentos objetivos pelos quais o juiz do recurso e a parte possam controlar o caminho por onde o julgador chegou à conclusão" (Guap e Stein, ao § 294 Z.P.O.). (Lopes da Costa. *Op. cit*. p. 45).

Ao juiz é dada a avaliação da "plausibilidade", trata-se, não de certeza, mas de justificação simples. As regras da avaliação da prova da plausibilidade são diversas das que formam a avaliação da prova que leva à certeza (Lopes da Costa).

À sentença poderá fazer subsistir a liminar ou revogá-la. E, não havendo sido concedida, poderá dar procedência à ação, momento em que, de imediato, o julgador designará a intimação por mandado.

8.9. ATIVIDADE DA DECISÃO

A atividade do intérprete tem por fim último a aplicação da lei, porque o direito existe para se realizar, e a sua realização consiste na *aplicação aos casos concretos* (Francesco Ferrara).

Ao decidir, o juiz terá de adaptar a norma à situação de fato, terá de subsumir o caso controvertido aos princípios exatos que o governam, de escolher, i.é., que os princípios são de aplicar hipótese.

Porém a situação não é clara, senão obscura, cheia de particularidades e detalhes, que dão a cada caso singularidade, que requer a aplicação de um conjunto de disposições combinadas reagindo umas sobre as outras. Ocorre, então, que o julgador avalie o efeito das normas na sua totalidade, e não apenas de per si. A consciente aplicação do direito, ou seja "a técnica de decisão" está em saber atinar com as diversas normas que, na sua combinação, pertença governar o caso concreto" (Ferrara).

Não é suficiente conhecer, ainda que aprofundadamente, o Direito para saber traduzi-lo em realidade, porque a atividade judiciária não se limita à subsunção dos fatos à norma jurídica.

Logo, ao julgar, o juiz utiliza conhecimentos extra-jurídicos que constituem, segundo Ferrara, elementos ou pressupostos do raciocínio.

Todo o acervo inesgotável das noções do saber humano. Tais são os princípios da experiência, definições ou juízos hipotéticos de conteúdo geral, ganhos através da observação de casos particulares, mas elevados a princípios autônomos com validade para o futuro.

Isto é amplamente reconhecido no nosso sistema judiciário, que requer dos juízes mínimas experiências, atividades jurídicas anteriores, idade mínima; concedendo às superiores instâncias juristas mais experientes, tanto na vida como na atividade jurídica profissional, juízes oriundos das diversas classes - daí a necessidade de os tribunais serem compostos parte por juízes experimentados, advogados e promotores igualmente experientes com grande capacidade jurídica profissional.

Veja-se que ao interpretar os fatos da causa e as normas de direito se devem colocar os princípios da experiência, que são princípios de conteúdo geral, tirados duma multidão de observações, e que o juiz pode se valer diretamente ou sentenciar, ou pode conseguir através da utilização dos meios processuais.

A razão de que o juiz não é uma máquina de decisões, é um ser pensante, inteligente, integrante do patrimônio intelectual e da experiência de seu tempo, que são todas as idéias e o conhecimento.

Indubitavelmente o julgamento pessoal do juiz é algo inafastável e incompatível com a idéia de "perfeição", entretanto cabe adequar esta decisão sobre o caso controvertido aos moldes da lei na conformidade de todo um sistema jurídico Doutrinário-Filosófico-Jurisprudencial e Social evolutivo na sociedade em que vive.

Será também, por isto, que é mais do que garantia constitucional a existência do duplo grau de jurisdição, porque garantia da própria liberdade individual, muito mais necessária e primordial que o Sistema Político. A decisão pensada, estudada racional, eqüitativamente "pesada" é a maior responsabilidade que um ser humano pode carregar, pois leva consigo os destinos de vidas com angústias, sofrimentos e incertezas.

8.10. SUBSTÂNCIA DA QUESTÃO A SER DECIDIDA E ESSÊNCIA DO PEDIDO DE TUTELA JURÍDICA EM MATÉRIA CAUTELAR

O processo cautelar encerra a exigência da tutela do próprio direito da ação, da eficácia de um outro processo, o principal, e se faz presente no momento exato em que haja o justo receio de perigo de dano iminente, que frustre a possibilidade de uma satisfação da pretensão do sujeito ativo: ou seja, tal dano, por suas proporções, características e grau de irreparabilidade, venha a inutilizar o processo principal.

Por conseguinte, é mister que se caracterize esta irreparabilidade e urgência, pois são estes elementos do mérito que devem ser decididos.

Mas existem boas razões para que os juízes sintam-se inseguros e ao mesmo tempo pressionados para conceder uma cautela, porquanto a maioria delas é apresentada à iminência do dano, deixando ao julgador pouco mais do que algumas horas para decidir.

A exigüidade de tempo é óbvia pela própria natureza da ação, desde que, por outro lado, o advogado da parte ativa, a mais das vezes, teria ainda menos tempo para argumentar bem a cautelar.

Dentro de tão pouca possibilidade técnica e mobilidade do autor e do próprio juiz é que se veio a criar um conceito mais liberal de assunção dos argumentos dos autores, criando, por sua vez, problemas para o sujeito passivo, já que muitas destas vezes a parte autora vale-se da cautela como um meio injustificado de pressão, atingindo diretamente o juiz da causa.

Nessa pressão pela concessão da cautela, o réu recorre do pedido em pouquíssimas horas e ingressa com um mandado de segurança ou agravo com efeito suspensivo com outra liminar, transferindo a pressão do "primeiro grau" para o "relator" do processo do "segundo grau", que está, então, naquela posição que há pouco estava o magistrado do juízo *a quo*. (ver Mandado de Segurança e o novo Agravo com efeito suspensivo)

E nesta guerra de cautelares travam-se as maiores e mais violentas batalhas entre o direito e a violação, o desequilíbrio do *status* processual, da consistência de argumentos e das ilações sofismáticas.

É então que a técnica jurídica torna-se notavelmente importante, porquanto classifica claramente as decisões e destaca a consistência e substância dos argumentos, distinguindo-se das ilações argumentativas para conclusões sofismáticas e das situações de violação à lei.

Lógica e Técnica Jurídicas são elementos de precisão que envolvem avaliação de conseqüências das várias alternativas que informam o caso. É com a técnica que o julgador e os advogados de cada parte poderão salientar e destacar o mérito da questão, isolando processualmente a questão a ser decidida. E é através da lógica que os elementos destacáveis se correlacionam e se releva o nexo entre as premissas e se pode ver com clareza e tridimensionalidade a conclusão, seja por motivo de "relevância", "interpretação" ou classificação (subsunção).

A declaração do direito feita judicialmente é feita na ocasião da decisão, que tem como objeto imediato a decisão do caso específico ao qual a regra jurídica estabelecida é aplicada, e não o próprio estabelecimento desta regra, ainda que esta decisão sirva de parâmetro para outras decisões no futuro em causas similares.

a) **O processo não é um fim em si mesmo**. Cabe também ressaltar, como o faz Peyrano, que o processo não é um fim em si mesmo, mas um meio para um fim, e a lógica jurídica determina que as questões isoladas sirvam ao fim Justiça, que interliga estas questões ao Sistema, e não ao fim do processo em si, ou que sirvam, como diz o próprio Peyrano, à abulia - vontade de não fazer, isentado-se a decisão de competência ou responsabilidade pela interpretação de uma questão isolada de forma a desligá-la do sistema legal, interpretativo e lógico-processual.

b) **O princípio da relevância**. Neste preciso momento perfaz-se a necessidade de demonstração de consistência do pedido, da relevância da questão - do mérito e do nexo causal entre os fatos e a tutela pretendida.

Uma vez verificada a existência de fatos suficientes a justificar a prova que será feita no processo principal, estes devem estar relevantemente conectados à aplicação de uma norma de direito conceptualmente reconhecido e de que se pede tutela.

O fato deve enquadrar-se no conceito do direito de que se pede tutela e, como conseqüência lógica destes fatos, a tutela deve ser concedida. O princípio da relevância está no nexo que deverá necessariamente existir entre este fato e o direito. A consistência da demonstração do nexo decide a questão precisamente.

A ênfase indispensável recai no exato ponto de vinculação, onde deve concertar-se a argumentação persuasiva do pedido, suficiente a garantir a declaração do caso cautelante; vale dizer, sob qualquer aspecto o nexo é o elemento crucial.

Toma-se como exemplo um caso onde um motor é enviado a conserto e houve um acordo de que o contratante pagaria o serviço em trinta dias após o recebimento. No entanto, no momento da entrega, o prestador do serviço contratado exigiu o pagamento à vista.

A simples existência do motor, apesar de plenamente comprovável, não fornece o nexo necessário entre o pedido de tutela cautelar e os fatos. Ausente está a consistência de que "se há motor, então há o perigo e há o aparente direito aos trinta dias", porque não há qualquer nexo entre o direito e o fato.

Muito embora se apresente uma justificação de que houve contrato sobre o faturamento em trinta dias, estes fatos, apesar de se relacionarem com o direito, nada têm que os vincule ao perigo. Sendo que se o pedido for embasado nestes fatos e demonstrar nexo com o direito, falhará na *demonstração da consistência* no ponto exato em que não se demonstrou a relevância dos fatos quanto ao *perigo da demora.*

Agora, se ao lado destas justificações fácticas, o autor justificar fatos suficientes que se relacionem ao "perigo da demora do processo principal", como o de que a) o motor fazia parte de um guindaste de valor extremamente elevado em relação ao mesmo, b) de que haverá dano à parte se demorar para entregar (pagamento, multas, perda de credibilidade), o trabalho do advogado do autor será demonstrar a relevância de que c) o pagamento do referido serviço total do guindaste, e que os fatos, todos eles, interligados dão consistência ao nexo de que o fato *b* é especialmente o nexo imediato ao direito estabelecido como perigo de dano vinculado aos demais fatos pelo fato *c*, que determina a aplicação da lei ao caso concreto para prevenir dano até que a ação principal se decida, equilibrando a parte ativa à parte passiva. Assim a decisão cautelar alcança eficácia à ação principal.

Coerente será, pois, a decisão que conceder a cautela porque apreciou pedido consistente juridicamente, facilmente verificável pela lógica processual e pela técnica jurídica.

De outro lado, é importante ver a posição processual da parte contrária que se aproveita injustificadamente da situação da premência, abusando do direito de retenção das coisas. De forma que a oposição por parte do réu de um direito impeditivo ou extintivo do direito do autor, e, portanto, tutelado, é, aí, inconsistente, eis que a conexão entre o fato e o direito de retenção é o *abuso* - o desvio de finalidade do direito invocado, ainda porque não demonstra a relevância do pedido no que concerne ao mérito da ação cautelar - o perigo. Por si só o direito de retenção é insuficiente para influir no mérito, falha, então, a contestação ou intervenção através de recurso com mandado de segurança com pedido liminar porque é irrelevante ao mérito, tornando-se inoportuna a argumentação e impertinente ao imediato da ação cautelar; pouco importa o ataque ao mérito mediato.

Contudo, se a parte apresenta um motivo pelo qual deva prevalecer a *relevância* do seu direito de retenção, esta poderá ser acolhida como consistente se em relação ao *perigo da demora* opuser a materialidade de que o *perigo* é ambíguo. Tal relevância só pode ser demonstrada através do nexo entre a retenção e o perigo, isto é, um fato x que justifique a existência de uma evidência sobre um estado quase falimentar ou demonstre suficientemente a intenção de não pagar, ou dano do réu em não receber; já que é certo que a controvérsia mediata está em torno da existência ou não dos trinta dias de prazo para pagamento - mérito da ação principal e que é impertinente à cautelar.

De sorte que, ao pesar as justificações, o juiz percebe um nexo entre a parte ativa, mas percebe também a consistência da defesa ao opor-se substancialmente no mérito imediato da cautela.

Neste preciso momento faz-se decisiva a contracautela que faz suficientemente insignificante a consistência do nexo do réu, porque o autor traz ao caso relevância bastante razoável para impedir e modificar a expressão da consistência do réu; vale dizer, o pedido acompanhado pela contracautela mostrou maior consistência, eis que afasta a justificação contrária do fato x, pois garante a reparabilidade ante a possibilidade do prejuízo se vier a ser improcedente a ação principal.

Somente nesta oportunidade a contracautela deve influir na decisão judicial, desde que impor contracautela indiscriminadamente é também uma proposição inconsistente e que deve ser eliminada.

Lembramos o exemplo em análise, a justificação de um fato y de estabilidade financeira, que garante a condição de poder indenizar, desfaz qualquer argumentação de exigência de contracautela, por inconsistência de argumentação, devido a que não há fato que justifique o direito, ou se existe o fato, este é impertinente e irrelevante para concluir-se pela consistência do pedido de contracautela.

Mas não é só ao fato x ou y que requer consistência, mas da sua conexão com o perigo da demora - qual o maior dano. Isto significa que mesmo que o fato x venha a ser justificado, sem que o autor possa trazer um fato y, este mesmo fato x pode transformar-se na consistência suficiente e necessária, visto que se há x - a fragilidade financeira, então, o dano ocasionado pela não-concessão será ainda maior, porque desviará bem ou quantia necessária para outro destino ao destino impróprio, inoportuno e inesperado; enquanto ao outro lado a conseqüência será muito menor. De um lado a sobrevivência da própria empresa do autor, do outro apenas o receio de lesão, nenhum motivo social, como empregados, fornecedores, etc. De outro, a expressividade de um dano que transcende em muitas vezes o próprio bem.

Logo, no caso, há inconsistência na exigência de contracautela e é consistente o pedido que demonstra a relevância da concessão da cautela.

Com estas razões, vê-se como é crucial o entendimento de que a contracautela não é elemento de consistência das cautelares; ao contrário, é infinitamente mais raro do que a própria cautelar, muito mais excepcional.

Deste modo, talvez, seja válido pensar que não tem razão a doutrina argentina defendida por Lazzari, que requer a contracautela como condição de executoriedade de cautelar; neste particular, mais evoluída encontra-se a doutrina nacional, onde há a conclusão quase única sobre um verdadeiro repúdio ao instituto da contracautela. Todavia, dentro da doutrina argentina, levanta-se uma forte corrente moderna, liderada por Peyrano, liberal e a favor da aceitação das novas estruturas processuais, que se arroja contra a *abulia* do *jus receptum*, que também existe no Brasil e que alguns pretórios ainda insistem em prosseguir aplicando, às vezes aplicando súmulas inadequadas ou conceitos estéreis só para justificar uma posição mais cômoda de não fazer.

Será para o leitor considerar se é inconsistente a doutrina que apresenta como argumento a *graduação de verossimilhança*, ponderação sobre qual proposição terá maior ou menor verossimilhança do direito alegado. O leitor, com sua visão sobre a finalidade útil do processo em comparação à finalidade em si mesmo, facilmente perceberá que é um critério incoerente e fora do conceito, porquanto não se pode querer apreciar *graduação de verossimilhança* sem entrar em juízo de valor sobre o mérito da questão principal, ou sem prejulgar.

Sabedor do avanço do nosso Direito, o leitor facilmente verá a significância de que é um conceito inadequado e representa um clássico exemplo de finalidade do processo em si mesmo, com abstração completa do valor Justiça, expressando um posicionamento impertinente por irrelevância, dada a inoportunidade.

Destarte, compreende-se equivocada a interpretação de que o processo não serve a fins silogísticos, como forma de argumentação, porquanto esta expressão encerra que essa forma de interpretação, ao rejeitar a lógica, intenta uma decisão a ela contrária, para justificar a fraqueza de consistência de sua argumentação, que não consegue fazer relevante os seus elementos de conexão, ou apontar equívocos na razão da parte, ou mesmo torná-los inválidos.

Em nosso ver, a lógica é o único processo racional que pode levar a norma e o caso concreto à união com o seu fim, a Justiça, sem perder a necessária consistência e sem violar o princípio conseqüencialista de coerência que exige o raciocínio jurídico.

O efeito de explicitar a consistência conceptual entre os fatos e a tutela neste caminho lógico é criar a possibilidade de aplicação eqüalitária, a fim de preencher o requisito constitucional de que todos são iguais perante a lei; não somente congregar comandos arbitrários sobre as normas, proibições ou permissões, mas como um coerente conjunto de normas que formam o sistema legal, dirigido a ordenar a vida em sociedade de modo que o indivíduo possa saber qual a sua maneira de comportamento e até que ponto este seu comportamento pode ser livre, de modo a não conflitar com a liberdade de outro indivíduo. No preciso momento deste conflito é que a lei deve ser aplicada na forma constitucional, aí explicam-se os princípios de racionalização das normas.

c) **Visão volitiva interna da norma**. Há uma genuína diferença entre o ponto de vista sistemático da norma e do seu ponto de vista isolado. E a visão jurisdicional deve alcançar é que a *visão volitiva interna de uma parte* não pode constituir a lógica de uma decisão, porque em algum grau e por razões que lhe pareçam favoráveis, esta assunção contém um compromisso volitivo inerente à observância de padrões de conduta como *standards* para ela mesma ou para outras pessoas dentro de sua conveniência (o valor da jurisprudência).

Mas não se deve confundir esta *visão volitiva interna* com a *visão sistemática* externada pela parte em defesa de seus interesses, dado que a parte passa a ter interesse legítimo quando este interesse seu advém desta *visão sistemática*.

Então, o que aqui se confronta é se o interesse da parte dá-se na razão da sua *visão volitiva interna* ou da sistemática, esta a defender a verdadeira interpretação coerente com a norma, o sistema legal e os fatos.

Sugerimos que se observe a distinção entre os diferentes níveis de interpretação e os degraus de comprometimento que as concepções apresentadas têm com o sistema legal ou com o isolado proveito da parte e retirar, assim, aquele aspecto ambíguo da decisão.

d) **Visão sistemática da norma**. Não cremos que o conceito de processo cautelar possa prescindir da ênfase ao método de raciocínio legal pela sua lógica, tampouco que sua estrutura sirva à ambigüidade; ao contrário, é essa lógica de raciocínio legal que confere à estrutura o seu significado jurídico, porque a lógica orienta a derivação do Sistema Legal e expressa as exigências da Sociedade, que são relevantes, porquanto se tenha que resolver um caso particular.

E é a *visão sistemática do caso concreto* que exprime a real situação jurídica e fornece a solução jurídica para o problema. Isso deve estar na mente do julgador quando analisar a cautela; partir sempre do princípio sistemático e lembrar-se para que serve o processo, afastando visões isoladas e pouco amplas, estreitas, para o bem da Justiça.

8.11. REVOGABILIDADE: DA LIMINAR E DA SENTENÇA EM PROCESSO CAUTELAR

A medida cautelar concedida não faz coisa julgada material à ação principal. A sua característica, como necessidade emergencial, é a possibilidade de sua modificação, revogação ou substituição a qualquer tempo. Isto decorre de lei: arts. 805 e 807 do CPC, e da sua própria natureza cautelar. Não há decisões de mérito mediato em Ação Cautelar.

A Cautela é necessária até o momento em que perdurar o "perigo". Se a situação que deu margem à concessão da medida não persistir, a sua razão de ser cessa.

Há uma diversidade de situações na revogação da medida concedida liminarmente e da medida concedida ao final do processo através da sentença cautelar, que julga o mérito imediato.

a) **Revogação de liminar**. Pode ser revogada pelo juiz a qualquer tempo, pois não reúne requisitos de irrevogabilidade. Os motivos que a ocasionaram podem não perdurar, ou ficar evidenciada a desnecessidade da medida. O poder de conceder e retirar pertence ao juiz, quer *ex officio*, ou a requerimento da parte. Sempre ressalvado o fato de que a concessão da liminar é uma obrigação, e não uma benevolência do julgador. E, se o magistrado revogar a liminar indevidamente, aplica-se a mesma solução à não-concessão da liminar: agravo e mandado de segurança.

b) **Revogação de sentença em processo cautelar.** Como já vimos, não há decisão de mérito (mediato) em processo cautelar. Há que se distinguir o mérito da ação principal (*mérito mediato*) e o mérito da ação cautelar (*mérito imediato*). Tudo depende do conceito que se tenha sobre *mérito*. O que o autor diz em referência à "decisão de mérito" significa a impossibilidade de julgar-se o *mérito* de uma ação em outra.

Não se pode querer que a ação urgente e de rito especial faça coisa julgada sobre o que será decidido na ação principal, quando será decidida a controvérsia original; porém, não é o mesmo que admitir (como a corrente que é sustentada por Theodoro Jr.) inexistência de mérito imediato; ao contrário, é justamente a corroboração e ratificação da autonomia de um processo de rito próprio, que possui seus próprios fins, movido por um motivo que determina a demanda.

Nem mesmo a decisão sobre o mérito imediato da cautelar faz coisa julgada. Porém, a sua revogabilidade não se processa de maneira tão flexível quanto a de uma decisão liminar. Não é ato livre nem está à apreciação do juiz livremente.

Acarretam decisões que definem situações, ainda que emergenciais, estáveis; não podendo ser revogada *ex officio* ou por simples requerimento da parte pedindo nova decisão. Cabe àquele que está sofrendo a medida *alegar e justificar* que a situação de fato mudou. Não é uma reconvenção, não é uma simples revogação, é, sim, a continuidade de um processo que, pela sua natureza, só tem fim quando é prolatada a sentença final do processo principal. Um processo cautelar, portanto, só acaba quando a solução da lide fez coisa julgada em sentido *material e formal* .

Não existe ação cautelar em sentido inverso, existe um processo que garante a prestação jurisdicional e este é indistinto, garantirá a qualquer das partes, seja concedendo ou revogando a medida pleiteada.

É lógico e coerente que se o Estado garante a alguém seu direito à Ação, impedindo ou cessando o dano através da cautelar, deverá revogá-la, obrigatoriamente, no exato momento em que a situação que a originou cessar, tenha sido concedida liminarmente ou por sentença, a fim de evitar que a cautela torne o processo principal inútil, perdendo, então, a sua razão de ser.

Da mesma maneira a sentença de indeferimento não é definitiva. Passando o prazo para o recurso, ou perdido até última instância, a parte pode pleitear novamente no mesmo processo; à medida que aquela situação (que no momento o juiz esteve convicto de não necessitar cautela) requerer.

Não se trata de novos fatos, de nova cautelar, somente que aquela situação não era tão iminente quanto a parte acreditava, e após esta solução final (talvez até mesmo dela decorrente), se manifeste premente e obrigatória a concessão da medida.

Esta elasticidade do processo cautelar decorre de sua amplitude, consagrada em nosso Código de Processo Civil de 1973 e com enorme suporte constitucional.

Justamente nos mesmos moldes da inicial deverá o autor apresentar assento probatório que *justifique* a concessão da medida. Isto não significa que deverá haver maior apreciação da prova, porém, a simples verificação dos fatos justificados que fundamentam este novo petitório, somente.

O processo cautelar jamais acaba antes do fim da ação principal, mesmo se o autor não promover a ação principal, porque somente deverá postular a lide principal quando da *efetivação* da medida; ao passo que seria inutilidade se do contrário fosse, sob seu ponto de vista. Portanto a parte postulará até obter o resultado que o possibilite, ou, até o momento em que prescreva o direito pleiteado.

Negar a continuidade seria negar o próprio direito de ação e negar à própria luz da lei maior. Uma vez que ao Estado pertence o monopólio da *justiça*, é inadequado impedir que o requerente queira proteger seu direito de ação, proteger sua pretensão, mesmo que o juiz decida que para aquela situação, naquele momento, não caiba cautela. Entretanto, em novo momento, a mesma situação poderá desencadear novas necessidades.

O *Estado* não pode negar que a parte, ela própria, escolha a Ação e o momento de sua proposição, ressalvados os casos de prescrição e decadência (que não atingem a essência do Direito de Ação). Cabe à parte beneficiária da prestação jurisdicional escolher se postulará algo que a seu ver é sem chances de solução final definitiva. Sem a garantia da cautela não o fará, pois seria inexeqüível, ineficaz.

Havendo decisão judicial de indeferimento, a escolha do momento oportuno pode ter sido equivocada. Isto não é motivo suficiente para impedir que se garanta a utilidade da solução definitiva (igualdade processual relativa) pelo simples fato de haver decisão terminativa. A única saída seria uma ação rescisória da ação cautelar, um ilógico absurdo.

Se a ação cautelar é incidente à principal e é deferida é porque o momento oportuno foi aquele.

Se é preparatória e indeferida, em idêntica situação à anterior, o indeferimento será porque não era o momento oportuno, por não haver "perigo" iminente.

Como um caso foi deferido e outro indeferido, não se negará ao segundo caso quando chegar o momento oportuno (quando se fizer necessário, por perigo iminente, ou ocorrência de situação danosa).

Pelo princípio da igualdade das partes, se a sentença terminativa pode ser revogada quando deferida a pretensão cautelar do autor (Lopes da Costa, João Carlos Pestana de Aguiar Silva, Humberto Theodoro Júnior) pela parte passiva da relação processual, a parte ativa, caso decisão desfavorável, poderá revogar da mesma forma. Não é o mesmo que tornar o processo cautelar interminável, mas garantir que a parte postule somente quando for possível a satisfação da prestação jurisdicional.

Possuindo este monopólio da *justiça*, o Estado se obriga a prestar tutela jurídica aos cidadãos (*Arruda Alvim*); surgindo um direito a requerer do *Estado*, através do juiz (*Alfredo Rocco*, a sentença civil. § 44), no qual a parte tem a faculdade de obter a tutela para os próprios interesses.

Gian Antonio Micheli (*Derecho Procesal Civil*. vol. I Buenos Aires) diz que "O poder instrumental (processual) de Ação representa, pois, a concreta manifestação e especificação da capacidade genérica de obter do Estado a tutela dos próprios direitos e interesses."

Conforme opina Humberto Theodoro Júnior, o processo desenvolve-se conforme as exigências de cada caso e assim é exatamente o *procedimento* do feito, i.é., seu *rito*. É o procedimento que dá exterioridade ao processo, revelando-lhe o *modus faciendi* com que se vai atingir o escopo da tutela jurisdicional.

Esta amplitude do processo cautelar é derivada do princípio da correlação entre *ação* e *sentença*. Um dos grandes conselhos de Alfredo Rocco (*Op. cit.*) é que o juiz deve limitar-se a resolver o problema que se lhe propõe, porém não pode abandonar ou alterar seus termos. Porque a própria pretensão diz respeito à garantia de uma situação provisória, conseqüência do processo lógico necessário para a declaração do fato dos elementos de prova oferecidos pela parte que justifica a concessão da medida, os quais poderão modificar-se no transcurso da ação principal, fatores que informam o *mérito imediato*.

A maleabilidade da revogabilidade da cautela por sentença não decorre da falta de mérito, muito ao contrário, decorre do mérito. A natureza jurídica e processual deste "mérito" lhe garante o objetivo, assegurando a possibilidade da satisfação da prestação jurisdicional.

Afirma Lopes da Costa que a decisão do processo cautelar é sempre provisória por repousar sobre fatos notáveis. "Alterados os fatos modifica-se a base da decisão cautelar que ao se amoldar a ele pode exigir modificação ou mesmo revogação da medida cautelar deferida. A sentença cautelar enquadra-se na categoria das sentenças condicionais *lato sensu* ou incompletas" (Valentin Carrion. *in Processo Cautelar* - Humberto Theodoro Júnior), mas não sem mérito.

"A sentença não pode subsistir se o fato que pretende atingir já não é aquele que foi demonstrado anteriormente a sua prolação." (Humberto Theodoro Júnior), aplicável em ambos os casos: concessão e indeferimento.

A parte tem de requerer e fazer prova de que os fatos mudaram e urge modificação de sentença. "O procedimento da revogação deve ser o mesmo da decretação" (*ibid*).

A lei determina o rito a seguir e as peculiaridades de cada procedimento (arts. 270 e 271 CPC).

Art. 271 - "Aplica-se a todas as causas o procedimento comum, salvo disposição em contrário deste Código ou de lei especial."

Art. 201 § 3º *in fine*: "Há coisa julgada, quando se repete a ação que já foi decidida por sentença, de que não caiba recurso."

Art. 471: "Nenhum juiz decidirá novamente as questões já decididas, relativas à mesma lide, quando : (...) II. nos demais casos prescritos em lei."

Art. 808: parágrafo único - "Se por qualquer motivo cessar a medida, é defeso à parte repetir o pedido, salvo por novo fundamento. A repetição do pedido se faz no mesmo processo.

Obviamente, o procedimento cautelar segue o princípio estabelecido nos arts. 270 e 271 do CPC - atentando-se, pois, sobre o disposto no art. 471, II. Distinto, pois, do procedimento comum, justamente por ser um procedimento peculiar em sua natureza, que não poderia inovar nem mesmo com novo fundamento.

8.12. CADUCIDADE DA MEDIDA CAUTELAR

A própria lei admite textualmente a proposição de Ação Cautelar anterior ao processo principal desde que após 30 dias seja proposta Ação Principal. Saliente-se que os trinta dias são contados da efetivação da medida.

a) **Amplitude da Ação Cautelar**. A abrangência e aplicação das medidas cautelares é a mais ampla possível. Atingindo a todo o tipo de ação existente no processo civil nacional. Não importa, a rigor, seja o processo contencioso ou não, a medida cautelar se faz sentir necessária quando a situação a reclama.

O nosso Código Processual Civil estende ao máximo uma abrangência justamente pela importância de garantir-se prestação jurisdicional final, que a torne útil. Não se vincula a esta ou àquela forma processual, basta a ameaça de tornar provável a inutilidade do processo principal para se fazer, não só necessária, mas obrigatória a concessão da medida liminar.

Então, o juiz possui o Poder Geral da Cautela, não como faculdade, como obrigação, tendo de utilizá-lo toda vez que se apresente fato que possa determinar dano irreparável ou inutilização do resultado final.

Desde que não se confunda com as medidas cautelares nominadas, a abrangência do processo é a mais extensa. Há um interesse muito maior e uma garantia hierarquicamente superior - direito de ação.

A ação cautelar estende seu âmbito inclusive àquelas ações em que a lei proíbe expressamente liminares, porque a proibição só atinge a concessão de liminares, não à tutela, ou seja, não se refere à cautela que será alcançada por sentença, porque é ação.

Enfim, a ação cautelar oferece o mais amplo espectro de soluções possíveis para remediar o problema representado pela aparição de uma desigualdade processual entre as partes.

b) **Vinculação ao processo principal.** Toda e qualquer medida cautelar, seja inovativa, conservativa ou reintegrativa produzirá a caducidade de pleno direito, tendo sido concedida e efetivada de fato antes do processo principal e este não for proposto dentro do prazo, decadencial e peremptório, de trinta (30) dias, art. 806 CPC.

Só ocorre a caducidade se a medida for realmente efetivada, pois cabe à parte socorrer-se de todos os seus esforços para garantir a possibilidade de proposição da ação principal, partindo para o âmago da questão somente após garantida esta possibilidade fáctica.

A variação do prazo para caducidade varia de acordo com o ordenamento jurídico, entretanto, de regra, este é um prazo exíguo. Muito racionalmente nosso legislador estendeu este prazo a 30 dias, em que a parte tem suficientes recursos, garantindo seu direito de Ação, para promover a ação principal competente.

Logicamente não pode se manter indefinidamente, *sine die*, a ponto de jogar a outra parte à incerteza sobre qual será o alcance da demanda.

Assim, cautelar não se suspende porque prazo decadencial não se suspende. Se, mesmo suspenso, a parte não ingressa com a ação principal, a medida decai. Há decadência.

8.13. AÇÃO CAUTELAR E PRESCRIÇÃO

Opera-se a prescrição e a decadência se estas tiverem relação à lide - objeto da causa principal. Isto ocorre devido à dependência do processo principal. Porque inútil seria validar-se o processo cautelar, se o processo principal for de nenhuma utilidade por decadência ou prescrição.

Segundo Câmara Leal (*Da prescrição e da decadência*), o processo cautelar interrompe a prescrição porque é um ato do titular, reclamando, judicialmente, o seu direito; justamente pela dependência disposta no art. 796 do CPC. Mesmo que a ação principal não seja ajuizada a tempo de impedir a prescrição, este papel é feito pela cautelar, ainda que venha a ser extinto, somente então recomeçará a contagem da prescrição.

Decorrente da ação cautelar, pela concessão liminar poderá o reclamado reconhecer o direito do titular ou, pela ordem judicial, cessar a violação. Entretanto, se não ajuizada ação principal dentro do prazo do art. 806, esta situação desaparecerá e voltará a contagem do prazo prescricional. O artigo 172 do CC em seu inciso V é inequívoco, qualquer ato, ainda que extrajudicial, que importe reconhecimento do direito pelo devedor interrompe a prescrição.

Agora, as falsas cautelares - justificação, notificação, interpelação e protesto - não interrompem prescrição.

8.14. COMPETÊNCIA: PROCESSO CAUTELAR EM SEGUNDO GRAU E INSTÂNCIAS SUPERIORES

Diz o art. 800 do Código de Processo Civil, com a alteração que passou a vigorar em fevereiro de 1995, que "as medidas cautelares serão requeridas ao juiz da causa; e, quando preparatórias, ao juiz competente para conhecer da ação principal". O parágrafo único do mesmo artigo prevê que "interposto o recurso, a medida cautelar será requerida diretamente ao tribunal". A lei vincula o processo cautelar com o processo principal. Isto está expresso ainda no art. 809: "os autos do procedimento cautelar serão apensados aos do processo principal".

A lei distingue, então, três situações. Primeira, a cautela em processo que já está em andamento. A segunda, em processo que ainda não foi proposto, e a cautela antecede o processo principal. E a terceira é naquela situação em que há recurso.

Daí, existem outras situações que a lei não previu, mas a jurisprudência tem de decidir.

1 - Processos em instâncias superiores, que se subdividem em:

- Processos que subiram e tiveram efeito suspensivo, nada restando ao juízo de primeiro grau (como apelações); e

Nestes casos a competência da matéria é do segundo grau.

- Processos que subiram, mas que, pela matéria, não suspendem o processo, continuando o juízo de primeiro grau com competência sobre o prosseguimento.

2 - Processos que estão em instâncias intermediárias, em juízos de admissibilidade em recurso de cunho excepcional (extraordinário, especial e revista).

a) Competência para processar e julgar processo cautelar em processo principal que estiver em andamento. Quando o art. 800 do CPC dispõe que "as medidas cautelares serão requeridas ao juiz da causa", isto significa que quando uma cautelar for necessária, em processo que estiver em andamento, o juiz da causa é que será competente para processar e julgar a cautelar.

b) Quando houver mais de um processo principal e a cautela for incidente a todos. Quando houver necessidade de cautelar em uma situação que envolva um processo já existente em um Juízo (uma Vara) e outro em outra Vara, também já existente, competente será o juízo prevento; ou seja, será competente aquele juízo em que tiver primeiro havido o despacho determinando citação inicial.

Esta situação pode acontecer ainda quando um processo não seja conexo com outro. Mas a situação de urgência formará a conexão.

c) **Processo cautelar em segundo grau e instâncias superiores.** A competência do processo cautelar é a mesma do juiz da Ação principal, seguindo-se a regra da acessoriedade (arts. 108 e 800 do CPC).

Sempre será competente o juiz da ação principal; se a ação for preparatória, tornará prevento o juiz.

A ação cautelar pode ser promovida em segundo grau, porque é um processo em que competente é o juiz que julgará a ação principal. Por exemplo, em uma ação rescisória poderá surgir a necessidade do recurso às cautelares, bem como qualquer outro processo de competência originária de segunda instância ou de tribunais superiores.

O art. 800 do CPC sofreu modificações; antes de fevereiro de 1995 vigia o seguinte teor: "Nos casos urgentes, se a causa estiver no tribunal, será competente o relator do recurso".

Agora, depois de fevereiro de 1995, está disposto: "Interposto o recurso, a medida cautelar será requerida diretamente ao tribunal".

d) **Competência enquanto o processo estiver em instâncias ordinárias.** Casos de agravo de instrumento mesmo antes da remessa à superior instância. Processos que subiram, mas que, pela matéria, não suspendem o processo, continuando o juízo de primeiro grau com competência sobre o prosseguimento.

Nestes casos existem dois tipos de competência cautelar.

A primeira é a que continua com o processo principal que não foi suspenso, que é do juiz de primeiro grau.

Quando uma decisão é impugnada por recurso, o recurso pode ter efeito suspensivo ou não. Quando tem efeito suspensivo, normalmente o processo pára, e os autos sobem com o recurso. É o caso de apelação. Mas, quando a decisão não é terminativa, e o processo segue, o recurso sobe em um instrumento, e o processo continua seu seguimento.

e) Competência do Juiz de primeiro grau enquanto existe recurso não-suspensivo em instâncias superiores. A matéria relativa ao processo principal, que não diz respeito ao recurso, será decidida pelo Juiz do primeiro grau, e não pelo relator do recurso.

f) Competência do relator de segundo grau enquanto existe recurso não-suspensivo na sua instância, e o processo principal ainda segue na instância originária. A segunda situação é referente à matéria que sobe, que será competência exclusiva do segundo grau. É sobre esta matéria que o Juiz da instância superior decidirá. Isto é, a matéria que versar sobre o processo principal que não é concernente ao recurso não é de competência do relator, é de competência do Juiz do processo, do Juiz de primeiro grau.

A questão que o Juiz do recurso julgará é restrita à matéria do recurso e que possa produzir dano irreparável ou de difícil reparação, inutilizar o próprio recurso ou o processo principal, ou seja, dar ineficácia ao recurso ou ao processo. Tanto faz se ao recurso ou ao processo. O que importa, aqui, é que a matéria deve ser a matéria limitada pelo recurso.

O recurso mais típico destas situações é o agravo que sobe imediato, o antigo *agravo de instrumento*, que hoje só se chama de agravo.

g) Competência enquanto o processo estiver em período intermediário de tramitação. Juízo de admissibilidade de recursos de cunho excepcionais. Quando o processo foi para o segundo grau e já houve decisão, o

AÇÃO CAUTELAR INOMINADA **137**

Tribunal já esgotou a sua jurisdição, mas ainda há o *juízo de admissibilidade* de recurso de cunho excepcional [o recurso especial, o recurso extraordinário e o recurso de revista (no trabalhista)].

Neste momento é que surge uma pequena controvérsia. A quem caberia a competência para julgar cautelar neste momento? Ao Juiz do primeiro grau? Ao Juiz do Tribunal Superior? À Câmara, Grupo ou Pleno que já julgou o recurso? Ou ao Presidente do Tribunal, que tem competência para decidir sobre a admissibilidade do Recurso?

Aqui nós vamos dizer que *quem tem competência para decidir as questões sobre cautelares que estão em período intermediário de tramitação é a autoridade que decidirá sobre a admissibilidade do recurso*, ou seja, o Presidente do Tribunal *a quo*, que em alguns Tribunais é delegada esta função a um Vice-Presidente.

No processo de nº 59409870, tramitando no Tribunal de Justiça do Estado do Rio Grande do Sul, o 1º Vice-Presidente concedeu liminar em processo em período intermediário de tramitação.

O 1º Vice-Presidente, o processualista Adroaldo Furtado Fabrício, decidiu que "no tocante à competência para apreciação do pedido, cabe menção à manifestação do eminente Desembargador Élvio Schuch Pinto, fls. 42 dos autos em apenso, 'Se a jurisdição deste Tribunal, sobre a causa, ainda remanesce, para proferir juízo de admissibilidade - depois de processado o recurso especial, segundo o disposto no art. 27 da Lei nº 8.038/90 -, só quem a detém é o Exmo. Sr. Desembargador 1º Vice-Presidente da Corte'".

"Acrescente-se que, estabelecendo o artigo 44 do Regimento Interno deste Tribunal, em seu inciso IV, a competência desta Vice-Presidência para o julgamento dos incidentes decorrentes dos recursos interpostos aos Tribunais Superiores, exceto o ordinário, por analogia, é aplicável à hipótese *sub judice*" [...] "Ante o Exposto" [...] "deferindo, assim, a liminar [...][4]".

Galeno Lacerda (*in Comentários ao Código de Processo Civil*. Rio de Janeiro: Forense, 1980, pp. 286-91) entende ao contrário, acredita que a competência é do juiz de primeiro grau. E que o processo deveria ser processado em autos suplementares. Porém esta solução parece não ter sido aceita pela jurisprudência, bem explicadas as razões pelo processualista Adroaldo Furtado Fabrício na sua decisão liminar. Decisão esta que foi base para outra decisão proferida pelo Tribunal de Alçada do Estado do Rio Grande do Sul[5]: "A medida cautelar em apreço é de natureza incidental, foi ajuizada em julho deste ano, direcionada à Augusta Presidência desta Corte, obtendo provimento liminar concedido pelo eminente Dr. Breno Moreira Mussi, então Juiz de Alçada Plantonista.

Ao depois, restou o feito distribuído a esta Câmara.

Ocorre que, quando do aforamento da cautelar, este Colegiado já tinha julgado a apelação interposta na lide principal, estando, portanto, cumprido e esgotado seu ofício jurisdicional (art. 463 do CPC).

O parágrafo único do art. 800 do CPC reza que 'Nos casos urgentes, se a causa estiver no tribunal, será competente o Relator do recurso', para conhecer das medidas cautelares.

O Regimento Interno desta Corte não contempla disposição específica para a espécie.

E nos casos omissos, subsidiariamente deve ser aplicado o Regimento Interno do Colendo Tribunal de Justiça (art. 248 do RITA).

---

[4] Processo n. 594098070, Incomex S/A Calçados v. Banco Meridional do Brasil S/A, quando o Tribunal determinou a suspensão da inscrição do nome da empresa no CADIN pela medida cautelar, decidindo ainda o Desembargador: "Finalmente, vislumbra-se *abuso de direito* na atuação do estabelecimento bancário referido, pois está, na prática, obstacularizando o efeito das decisões judiciais já proferidas".

[5] Acórdão 194137923, 3ª Câmara Cível do Tribunal de Alçada do Rio Grande do Sul, relator: Juiz de Alçada Luiz Otávio Mazeron Coimbra, Estofados Conforto S/A v. Banco Meridional do Brasil S/A.

E na esfera de competência do Colendo Tribunal de Justiça, já foi apreciada situação similar, senão idêntica, quando o eminente Desembargador Adroaldo Furtado Fabrício, 1º Vice-Presidente, na decisão proferida no processo 594090870, cópia que se junta, entendeu:" [...] "Dessume-se, assim, que a competência para conhecer a espécie refoge à Câmara, razão para propugnar declinação à Augusta Presidência deste Tribunal".

A conclusão não poderia ser diferente. A competência está com a Presidência que tem a competência para decidir no processo, neste período de tramitação intermediária. Voltar ao juiz de primeiro grau seria complicar o trâmite processual, devolvendo competência ao juiz que não mais a tem, assim como seria também equivocado retornar a competência ao Juiz do Segundo grau que já julgou (como mostra a decisão da 3ª Cível do Alçada Gaúcho). Evidente que o processo ainda não chegou ao Tribunal Superior. Este processo precisa ultrapassar o juízo de admissibilidade. É por isto que quem deve decidir é aquele juízo que detém a competência para decidir sobre essa admissibilidade.

h) **Competência quando o processo estiver perante os Tribunais Superiores.** Quando o processo já estiver terminado nas instâncias ordinárias a competência para julgar matéria cautelar relativa ao processo é do relator do recurso, lá no Tribunal Superior.

8.15. VALOR DA CAUSA

Distinto das ações cautelares de Justificação (art. 861), Notificação, Interpelação e Protesto (867) com finalidades diversas, o processo cautelar inominado deverá conter no valor o da causa principal (Miranda Guimarães. *Justificação com fim de prova.* Guimarães & Queiroz. 1982).

Como requisito básico e comum a todos os tipos de processo, a petição inicial deverá conter o valor da causa. Este deverá ser exatamente o da causa principal, sempre que possível porque poderá afetar na própria determinação da competência, mormente quando a medida cautelar é preparatória.

Entretanto, isto não é uma regra fixa imutável, pois deve corresponder ao tipo de ação. Devido a que nem sempre uma "cautelar" visa ao objeto da ação principal por inteiro (daí sua autonomia e mérito próprio). A mais das vezes, refere-se apenas a uma parte do interesse em jogo (Humberto Theodoro Jr. *Op. cit.*, p. 121). Devendo ser calculado de acordo com o montante do risco a ser prevenido, e não de todo o valor do interesse patrimonial em litígio.

Cálculo das custas do processo cautelar no RS: Não deve ser calculado como uma ação normal. Segundo as normas estabelecidas no Regimento de Custas (RS) em que o autor pagará em conformidade com a letra "c" na tabela de escrivães, entretanto havendo reunião de ações o § 5º da tabela J, "b" determina que as custas devidas serão as do feito de maior valor; no caso sempre as do processo cautelar. E, quando forem realizadas audiências de *justificação prévia*, as custas serão aumentadas em 20% (§ 9º da mesma tabela). O legislador, assim, estipulou porque este pressupõe a existência de uma ação principal do qual é pendente, onde já se pagou custas, e dirige-se a um único litígio.

Não se poderia cobrar custas como processo individualmente encarado porque é justamente decorrente da preexistência de um processo principal ao qual será reunido. Desta forma, muito acertadamente dispõe o legislador deste estado ao prescrever tais normas para cálculo de custas num processo cautelar, pendente a um principal ou preparatório.

8.16. A PROVA NO PROCESSO CAUTELAR

Justificação de fatos. Os *affidavits*, notas taquigráficas, videogravações, audiogravações e outros meios. O procedimento cautelar não requer prova de certeza. Apenas requer a justificação dos fatos.

Da natural urgência da necessidade da concessão de uma cautela, a análise da prova há que ser apreciada de uma maneira rápida, porém, eficaz. Desde que a exposição do fato e do direito ameaçado se revista da *aparência do bom direito*, havendo uma "presunção" de veracidade é, não só necessária, como obrigatória.

É importante que se entenda que o fato alegado deve ser ao menos justificado.

Existem três conceitos básicos em matéria cautelar: 1) aparência do bom direito; 2) perigo da demora e 3) fato justificado.

Para que um juiz conceda uma cautela devem estar presentes o perigo e a aparência de um direito bom, e os fatos alegados devem estar justificados, os fatos que levam à identificação de um perigo e de que deve aplicar um direito bom.

Justificar é mostrar a existência de algo, quando a prova material plena é insuficiente ou impraticável ao tempo, que se mostre conectada ao interesse da pessoa requerente.

Assim, o procedimento cautelar não requer prova de certeza. Contudo, requer que apenas se mostre a existência de algo através de meios que evidenciem ou indiquem fato ou ato a que se prende o interesse cautelar da pessoa requerente, com o mesmo ônus do processo principal.

Aos fatos que se têm de provar, no processo principal, tem-se o ônus de *justificar* no processo cautelar.

Para dar ao juiz convencimento de que os fatos estão suficientemente justificados, a autorizar a concessão de uma cautela, a parte pode usar de todos os meios de prova em direito admitidos, na forma mais ampla como garante o art. 5º, LV, da Constituição Federal de 1988. Mas como convencer o julgador?

A simples alegação de um fato é muito frágil. Toda alegação deve indicar que existe determinado fato ou, ao menos, trazer algum indício de que existe.

Os fatos podem ser evidenciados por declarações escritas e juramentadas, sujeitas ao exame cruzado da prova testemunhal posterior, na instrução. Tais declarações escritas e juramentadas levam o nome técnico de *affidavits*, trazidos do Direito inglês, onde o depoente, que faz a jura, afirma em depoimento escrito, geralmente com firma reconhecida, serem verdadeiras suas declarações. A declaração é dirigida ao juízo do feito, identificando as partes litigantes, o nome do depoente, sua qualificação - aqui é importante a função - designando-se, especificando-se, o seu conhecimento do fato que passa a declarar. Ao final, firma o documento, na data evidenciada, jurando ser a verdade sob as penas da lei. Através dessa declaração *affidavit*, o juiz do caso tem maior confiança e poderá expressar com segurança sua decisão com um embasamento evidenciado e sério.

Embasado porque há suporte expresso e responsabilizado. Sério porque há um juramento sob as penas da lei. Essa responsabilização, sabe o firmatário do *affidavit*, perante quem é, porquanto a declaração é dirigida ao juiz da causa, identificando a relação processual. Esta a importância fundamental de no *affidavit* estar a indicação do feito, do juízo e das partes, identificando a relação processual, seja ela por iniciar, seja ela em andamento.

Ademais, uma declaração *affidavit* sempre se relaciona com o caso e ela não é um depoimento, porque não permite a contradição através do exame cruzado da testemunha, o que poderá ser feito no curso da instrução. A declaração *affidavit* é extremamente útil, senão indispensável, para demonstrar a necessidade da submissão destas evidências ao juiz e justifica a própria necessidade da ouvida de testemunha na audiência ou, até mesmo, pode dispensar a audiência de justificação (se for *inaudita altera parte*), uma excelente arma de economia e dinâmica processual.

Outro meio de justificação muito importante é a videogravação. Filmar uma situação, a conseqüência de uma situação, o ato de determinada pessoa tomar depoimentos com vídeo (desde que aberta e declaradamente).

A pessoa, tanto jurídica como individual, tem o direito à ampla defesa, ou seja, tem o direito de provar os fatos com amplitude. O jurista Hernando Devis Echandía (*in Teoria general de la prueba judicial. t. I.* Buenos Aires: Zavalia, 1988, p. 124) elenca o princípio da *igualdade de oportunidades para a prova,* pelo qual "se exigem as mesmas oportunidades para a defesa e se rechaçam os procedimentos privilegiados". A videogravação dentro do próprio domicílio ou em local público é suficiente para contradizer um fato ou justificar a sua existência, por exemplo: mostrar que um campo está sendo incendiado, mostrar o dano de um automóvel, além de uma prova fotográfica, mostrar a invasão de uma área de terra, etc.

Outro meio que auxilia a videogravação é a da tomada de notas taquigráficas. Toda e qualquer fala anotada por taquígrafo. As notas taquigráficas têm ainda maior poder de convencimento se elas forem parte de uma declaração perante escrivão público (Tabelião). A nota taquigráfica pode ser em conjunto à videogravação ou pode, muito bem, vir isoladamente.

A fotografia é algo com grande importância.

Laudos técnicos de assistentes técnicos ou opiniões técnicas.

A videogravação, tomada de notas taquigráficas, fotografias, como meio de prova ou justificação, têm a sua base em mais de um princípio de direito processual, mas, também se pode ressaltar o *princípio da publicidade* da prova. Diz Echandía: "É uma preciosa garantia para a defesa do acusado no processo penal e para a contradição, lealdade e igualdade de oportunidades no processo civil" (*Ibid*, p. 125).

Outra circunstância que pode surgir, mas como um pedido de providência, para poder fazer prova do início do processo em diante (e o fato desta medida já inibe o dano se for concedida), é a nomeação de um *vedor*.

O *vedor* é uma pessoa de confiança do Juiz, por ele nomeado, sem vínculo com as partes, para que acompanhe os atos ou fatos que estão ocasionando dano (ou na iminência de suceder).

A grande vantagem do vedor é de que ele apenas vê, nada faz.

O *vedor* presta relatórios diários, semanais, mensais, a critério do juízo. Destarte, todo e qualquer ato ou fato danoso está evidenciado no relatório do vedor.

O *vedor* é muito utilizado hoje nos processos cautelares, aplicado em controvérsias sobre fatos em processos que apresentam alto grau de instabilidade, especialmente processos societários e contra atos de fiscais governamentais (fazenda, previdenciários) que abusam de autoridade ou desviam poder.

9 A Tutela Cautelar e os recursos cíveis

9.1. TUTELA DA DEVOLUÇÃO. GARANTIR A EFICÁCIA DO EFEITO DEVOLUTIVO.

Um dos princípios fundamentais do sistema onde se assenta como base o duplo grau de jurisdição é a garantia da devolutividade.

Os recursos, quando interpostos, acarretam efeitos sobre as decisões recorridas. Em alguns casos têm o efeito de suspender a eficácia da decisão e, sempre, possuem o efeito de devolver a competência decisória ao juízo *ad quem*.

a) **Assegurar o duplo grau**. A devolução cumpre uma função estrutural no processo civil, garantindo o duplo grau de jurisdição e também aos aspectos extraordinários que fazem o pronunciar de tribunais superiores.

Nos recursos de cunho excepcional, a devolução se opera somente no tocante aos pontos permitidos por lei, geralmente exclui-se o âmbito puramente probatório (os aspectos referentes à valorização e interpretação de prova são critérios jurídicos que dependem de precisão e observação doutrinária, sobre conceitos já estipulados, aos quais o juiz está preso e, portanto, adstrito ao efeito devolutivo em recursos extraordinários, quando do fato incontroverso se retirar conclusão diversa da já aclarada), deixando-se apenas questões de direito material, processual ou constitucional.

Assim, toda a decisão *ad quem* tem sobre a decisão *a quo* o efeito devolutivo, que tem como escopo a revisão, limitado aos aspectos que o tipo de recurso proporciona.

b) **Deve ser possível a devolução.** O direito deve tutelar a possibilidade de expressão total da "devolução", ou seja, tornar possível que esta se desenvolva completamente, sem lhe retirar qualquer âmbito, ainda que parcial.

De que adiantaria o direito tutelar a decisão superior, dando a devolução, se lhe tolhesse a existência prática ou utilidade, permitindo que o juízo *a quo*, de alguma forma, retirasse essa "devolutividade".

Reflete fundamental importância a garantia de exteriorização do efeito devolutivo, quando, por uma decisão de instância inferior, se lhe impeça a absoluta expressividade da devolução.

O decisório judicial *a quo*, ao retirar a devolução, viola direito líquido e certo do recorrente. Nas decisões interlocutórias sem efeito suspensivo, a tutela do direito à devolução fica à descoberta frente a uma ilegalidade.

Os recursos ordinários não possuem, nas ações sem cunho emergencial, efeitos imediatos conservativos ou inovativos.

Somente o auxílio de expedientes com tal função processual poderia fornecer ao interessado a necessária eficiência.

9.2. DISTINÇÃO ENTRE O USO DO MANDADO DE SEGURANÇA E A AÇÃO CAUTELAR PARA GARANTIR A EFICÁCIA DOS RECURSOS

À prática, adotava-se, mesmo contra forte corrente jurisprudencial, uma ficção de suspensividade de decisões frente a recursos acompanhados de mandados de segurança que se lhes empreste este efeito.

Às vezes não havia o que suspender, porque a suspensão tem o carácter puramente conservativo quanto à situação precedente. A decisão inova, e o efeito suspensivo conserva a situação precedente, impedindo que o efeito inovativo prevaleça. Nestes casos, onde o prejuízo se verá pela ocorrência desta conservação, a tutela jurídica propende a inovar. De ordinário não havia recurso que englobasse em si este efeito.

Realmente o mandado de segurança não seria o recurso mais adequado, porque não haveria a exclusão de medidas judiciais, uma vez que é remédio extremo.

Decidindo uma questão interlocutória, que deveria inovar ou conservar, não seria suficiente a suspensividade, que se tornaria inteiramente inútil.

Pelo recurso interposto não se chegaria tampouco à utilidade do mesmo, inutilizando, conseqüentemente, pela sua relevância, o próprio processo. Ora, é caso que subsume a utilidade da ação cautelar.

A relação entre os atos instrumentais se dá de modo a conservar ou inovar, conforme a situação precedente. Duas decisões, então, são possíveis frente à pretensão, ainda que parcial. A decisão inovativa, se aceita a pretensão, em questão interlocutória, pode ocasionar um prejuízo irreparável, inutilizar o próprio processo, ou posicionar uma parte mais favoravelmente que a outra. Há certeza de que seja uma situação excepcional. E pode advir da própria certeza e convicção do juiz que pende para aquela decisão que, no entanto, à concomitância da peculiaridade do caso, acarretará o dano.

É certo que o juiz deve balancear as conseqüências de sua decisão e é seu dever, também, garantir a utilidade do processo.

A utilização, por si só, do mandado de segurança estaria explicada e justificada. Todavia, existem mais características de dano ocasionado pela atitude da parte contrária do que do ato judicial, cuja ilegalidade se daria conseqüentemente, posto que a decisão deixaria a situação à contingência das coisas, sujeitas à interferência das forças naturais e da vontade do homem (Lopes da Costa. *apud* Miranda Guimarães. *Op. cit.*, p. 15.).

Mais adequada, pois, é a reclamação da providência jurisdicional para as garantias ao equilíbrio processual. A decisão agravada tinha concomitante uma incidente ação ao processo principal dirigida diretamente ao juízo *ad quem*, para que tutelasse cautelarmente. A decisão não seria suspensa, mas a liminar atingiria a parte que infligisse inutilidade ao recurso e causasse dano. Restaurado o equilíbrio, o recurso era processado ordinariamente até decisão final.

a) **Se o juiz causasse o dano ou o perigo, cabia o mandado de segurança.** Se o juiz, ao contrário, causasse o dano diretamente, pela sua decisão, o mandado de segurança era cabível, e não a cautelar, porque era mais apropriado e se direcionava contra aquele que ocasionasse o dano. Podemos exemplificar como caso típico a violação de prazo processual. O dano é puramente processual, e o juiz é o único culpado pela coação originada da transgressão à lei. A parte contrária nada tem a ver com a atitude do magistrado, não lhe sendo justo impor uma ação em que figure como sujeito passivo - haveria ilegitimidade de parte.

Está distinguida, assim, racional e sistematicamente, a utilidade do mandado de segurança e da ação cautelar para os recursos cíveis, tanto em decisões interlocutórias como definitivas. Aqui é hoje o que se distingue o uso de Agravo com efeito suspensivo e Agravo com efeito ativo.

Nos recursos extraordinários (especial e extraordinário) à integridade do efeito devolutivo é que se insere a proteção cautelar, só àqueles pontos limitados para os recursos excepcionais a garantir a eficácia da função devolutiva.

Logo, nos casos onde se admitia o mandado de segurança, não será mais uma ficção, senão o meio instrumental correto. O agravo e a cautelar passa a ser o meio adequado para garantir eficácia do recurso, especialmente os recursos de cunho excepcionais. A ficção somente ocorria quando substituia, equivocadamente à prática, uma função processual que passou a ser exercida pela ação cautelar e pelo novo agravo.

9.3. OPORTUNIDADE DA DECRETAÇÃO DA CAUTELA INCIDENTE A PROCESSOS PARA EVITAR A INEFICÁCIA DO EFEITO DEVOLUTIVO NOS RECURSOS

Várias são as decisões que podem acarretar irreparável dano à parte, de acordo com o fato gerador do desequilíbrio, que venham a desestimular o prosseguimento do feito ou do recurso por parte do sujeito, ou pela proposição do dano que causará ou pela inutilidade da providência jurisdicional - no caso o meio impugnativo que requer aquela providência.

Daí a necessidade de o dano ser iminente ou estar sucedendo e haver presente a *aparência do bom direito*, para impedir que, ao contrário, se retire de quem não está em uma situação de prevalência por estar mais de acordo com a lei, desequilibrando o processo.

a) **A cautela não pode ser concedida indiscriminadamente.** A cautela não pode ser concedida indiscriminadamente, sob pena de ser o motivo do desequilíbrio. O que importa é o *periculum* e o *fumus* concomitantes, confrontando-se o perigo do dano, os fatos e suas justificações, devendo "analisar acuradamente as conseqüências da não-concessão, a probabilidade do dano, de sua proporção; comparando pormenorizadamente com as conseqüências da concessão, por sua vez" (Miranda Guimarães. *Ação cautelar inominada*, p. 14).

A inadequação da decisão pode decorrer da ilegalidade da decisão do juiz ou da atitude da parte em relação a esta decisão.

Quando a decisão do juiz de per si for suficiente para retirar o efeito devolutivo e não puder ser suspensa, pela inexistência de suspensividade no recurso, e o meio impugnativo for ordinário meramente devolutivo, só o mandado de segurança poderá, frente à violação de direito líquido e certo, fornecer ao recurso a suspensividade requerida; porque é o ato do juiz que causa o dano e é mais apropriado direcionar-lhe a providência - parte legítima da relação processual - a pessoa obrigada a satisfazer o interesse, portanto pólo passivo.

b) **Uso abusivo do mandado de segurança**. Ao longo do desenvolvimento da doutrina cautelar, tem-se debatido muito o abusivo uso do mandado de segurança como o meio que emprestou por anos ao agravo de instrumento o efeito suspensivo; ainda porque, a mais das vezes não é suspensividade de efeitos, senão sua eficácia que o recorrente pleiteia. E não há por que as decisões devam violentar o senso lógico-jurídico quando a eficácia cautelar tem este poder coordenado instrumental o qual pode, em emergência, conceder tais efeitos, consubstanciando em uma pretensão autônoma dirigida ao órgão julgador do recurso.

O uso indiscriminado do mandado de segurança contra ato de juiz que somente decidiu com base na sua própria convicção não apenas violava o "princípio de sua livre convicção", como todo o sistema processual. Veja-se, pois, que o carácter da "suspensividade" é meramente "conservativo" quanto à situação precedente.

Dá-se, então, que "a situação inova e o efeito suspensivo conserva a situação precedente impedindo que o efeito inovativo", gerado pela decisão, "prevaleça"; e nos casos onde o prejuízo ocorrer com a "conservação", a tutela jurídica propende a inovar" (Miranda Guimarães. *Op. cit.*, p. 34).

De sorte que "de ordinário não há recurso que englobe em si este efeito" (Idem, Ibidem) e somente a "cautela" pode, sem violação aos princípios processuais, conceder o carácter inovativo quanto à situação precedente, seja em que processo for. Hoje a questão foi superada nos casos de agravo. Mas lembre-se que existem outros recursos com efeito meramente devolutivo, onde o meio correto de emprestar efeito suspensivo ou ativo é a ação cautelar.

c) **A própria ação cautelar empresta ao recurso a possibilidade de concessão de liminar.** A lei não pode esquecer que pode haver urgência, ainda que o juiz exerça corretamente a sua função jurisdicional sem violação; portanto, não caberá, nestas condições, mandado de segurança, e, sim, cautelar.

A ação existe, a lei confere este poder instrumental coordenado a tais situações emergenciais; situações estas que devem-se-lhe aplicar.

d) **Na prática os próprios juízes de segundo grau preferem o mandado de segurança para dar efeito suspensivo.** Mas verifica-se o desconforto dos nossos juízes ao acatarem o mandado de segurança contra ato de juiz - que nada mais faz senão decidir dentro de sua convicção para dar efeito suspensivo a um recurso - que não o possui e ainda, pelo próprio teor da decisão, não há o que suspender.

Por unanimidade de votos, a Quarta Câmara Cível do Tribunal de Justiça do Rio Grande do Sul (MS nº 584.027.635 4ª Câmara Cível TJRS/P. Alegre, Cantemira Roldão Vs. Sr. Juiz da 6ª Vara de Família e Sucessões de Porto Alegre) concedeu segurança contra o juiz de Direito da 6ª Vara de Família de Porto Alegre em um processo de interdição e curatela, onde este negava-se a renovar a administração provisória do interditando, o qual encontrava-se no manicômio judiciário por decisão de outro juízo, criminal, e estava, obviamente, impossibilitado de receber seus proventos de aposentadoria (esta por insanidade mental).

O fato, por si só, dava a condição de que o juiz impetrado não vira com o bom-senso necessário o caso: um louco internado na instituição psiquiátrica estadual por determinação de outro juiz; a aposentadoria devido à insanidade e, a própria interdição que era instruída com o laudo do Instituto Psiquiátrico Forense - ora, nada mais claro do que se dar por certo "aparência do bom direito", mas o que agravava a situação interditando - recolhido ao manicômio, jamais poderia receber seus proventos; ressumbrava provada a presença do dano e o perigo da demora da decisão do agravo.

A administração provisória extinguia-se com dois anos e sem a renovação não valeria; a decisão de não renová-la era prejudicial; o recolhimento dos proventos pelo INPS era iminente - o dano já estava a acontecer.

O agravo, ainda que suspendesse a decisão, suspenderia o quê? Porém, a solução foi obtida pelo mandado de segurança junto ao agravo para dar-lhe efeito suspensivo.

O referido desconforto dos julgadores, todos eminentes magistrados e de destacado conhecimento jurídico, fez-se notar acentuadamente, mas curvaram-se ante a necessidade prática da medida.

O então relator Desembargador Nelson Oscar de Souza ressaltou a divergência jurisprudencial: "resultante da súmula 267 do egrégio Tribunal Federal, que reza não caber mandado de segurança contra ato judicial passível de recurso ou correção. Entretanto, a própria Corte Suprema abrandou já a rigidez desse enunciado, e hoje é tranqüilamente concedido o efeito suspensivo ao agravo de instrumento, quando, da não-concessão desse efeito, resultarem danos irreparáveis à parte (...) concedo a segurança para atribuir efeito suspensivo ao agravo da instrumento interposto". Os demais magistrados, revisor e presidente, acompanharam o voto, com a oportuna colocação do então Presidente daquela Câmara Cível, Desembargador Oscar Gomes Nunes: "Embora entenda que não cabe mandado de segurança para modificar o efeito dos recursos, no caso concreto e em face das suas peculiaridades, acompanho o voto de V. Exa.".

Acrescente-se que no processo o mandado de segurança foi impetrado perante o Presidente do Tribunal de Justiça, juntamente com uma ação cautelar inominada com pedido liminar. O Presidente do Tribunal apreciou a liminar do mandado de segurança, concedeu-a e julgou prejudicada a cautelar.

Pois, veja-se a força da ficção já estruturada que faz com que a própria medida correta seja descartada, e o uso pelo profissional - que deve decidir pelo resultado no momento de urgência - é considerado se e somente se houver garantia desse mesmo resultado. A solução não é simples, mas deve nos levar a refletir que o mau uso não pode prevalecer, porque na ficção perde-se os critérios fundamentais-científicos do direito e o julgar torna-se sem critérios e emocional, quando, apenas através da forma tecnicamente correta chega-se ao verdadeiro valor do processo, "por e para o valor da Justiça". (Peyrano, Jorge Walter. *Medida Cautelar Inovativa*).

Este desconforto já encontra resistência da nova jurisprudência, originada do Superior Tribunal de Justiça, que traz a torrencial corrente de entender ser a cautelar o meio processual correto para dar efeito suspensivo ou ativo a recurso que não o tem quando puder haver dano irreparável, frente a *periculum in mora* e *fumus bonis iuris*.

10 Medidas Cautelares em Recurso Especial e Recurso Extraordinário

Anteriormente discorremos sobre as medidas cautelares nos períodos de tramitação intermediária. Agora, aqui, trataremos das medidas cautelares no Recurso Especial.

Este tipo de cautelar diz respeito às medidas sobre questões de urgência que ocorrem depois que o Tribunal *a quo* esgotou sua jurisdição no recurso.

Ao contrário do caso das cautelares concedidas em período de tramitação intermediária, as medidas cautelares são restritas ao próprio recurso. Estas medidas cautelares são diferentes.

Vejamos, na primeira há um recurso julgado pelo tribunal de segundo grau, (Tribunal de Justiça, Alçada, Regional Federal) recurso que teve sua publicação. A Câmara ou Turma não tem mais jurisdição. Então, quem tem a jurisdição? Ora, o Presidente do Tribunal *a quo* que é a pessoa designada por lei - competente - para processar e julgar a admissão do Recurso. Não é do primeiro grau porque ele já esgotou a sua jurisdição tanto quanto o tribunal de segundo grau.

No entanto, a segunda se refere a dar efeito suspensivo a recurso. Admitir e processar seguimento não é julgar. O juízo de admissibilidade não contém efeito devolutivo. Pode e deve dar decisões cautelares que não englobem o efeito devolutivo.

Só pode suspender uma decisão quem a pode reformar ou cassar.

AÇÃO CAUTELAR INOMINADA **157**

Caio era dono das terras. Fulvio reinvindica parte. Caio tinha acesso ao Rio. Nesta terra há um aqueduto que alimenta a terra de Caio. Fulvio reivindica parte com acesso ao Rio. Fulvio obtém sentença favorável e decisão final de 2º grau favorável.

Com a decisão Caio passa a sofrer dois perigos. Um por ação de Fulvio - Fulvio cortou o aqueduto e por conseqüência todo o suprimento de água de Caio. O outro perigo é de que terá de sair das terras e pagar a indenização pelo uso indevido.

Da decisão, Caio interpôs recurso especial, mas ainda não foi admitido.

Neste Acórdão não se menciona nada sobre aqueduto. Porém, menciona a desocupação imediata das terras.

Caio precisa de uma cautela que suspenda os efeitos do Acórdão. Todavia também precisa de uma tutela cautelar para restringir Fulvio de cortar-lhe a água.

O juiz de primeiro grau não tem mais jurisdição, o juiz de segundo grau - a Câmara ou Turma - também esgotou a sua jurisdição. Porém, a competência ainda está com o juízo de admissibilidade - a Presidência do Tribunal de Justiça.

Pode o juízo de admissibilidade decidir sobre a questão devolvida ao tribunal superior? Não, porquanto não pode decidir sobre questão de mérito do recurso especial sem estar ingressando na devolução, invadindo a competência da Alta Corte.

Por outro lado, a questão do corte de água do aqueduto não é devolvida ao tribunal *ad quem*. Portanto, neste caso seria a Alta Corte que estaria atuando sobre *quaestio* que não lhe foi submetida.

Um exemplo claro desta situação será quando Tibério tem contra si uma liminar indeferida e Otaviano, seu oponente, interpuser Agravo e tiver sucesso. A liminar é lesiva aos interesses de Otaviano que imediatamente recorre e ingressa com Medida Cautelar no STJ. O Ministro Relator conhece e concede a liminar, a liminar é referendada pela Turma e o processo corre seu curso.

Neste meio tempo, o processo em primeiro grau tramita normalmente. Momento em que Tibério começa a desviar bens. Otaviano percebe e pede uma cautelar. A quem pedir a cautelar, à Alta Corte ou ao Primeiro Grau?

A Alta Corte nada tem a ver com esta questão. Nem mesmo aceitaria a medida, porque esta questão será decidida pelo juiz de primeiro grau.

Assim está postada a diferença entre as medidas em grau de Recurso Especial e Extraordinário e as Cautelares em períodos de tramitação intermediária.

Não é ação, mas mera medida.

10.1. O QUE É UMA MEDIDA CAUTELAR NO RECURSO ESPECIAL?

Tendo em vista que a tutela cautelar existe para manter o equilíbrio processual entre as partes e para garantir o resultado útil ao processo, não se poderia deixar de atender a mesma situação, ainda que em recurso especial ou extraordinário.

Hoje, é torrencial a jurisprudência no Superior Tribunal de Justiça sobre a aceitação de "Medida Cautelar" em recurso especial, tanto para conceder efeito suspensivo a recurso, como para determinar sua subida sem que se espere o desfecho da ação principal.

Portanto, trata-se de uma medida de caráter urgente que visa suspender efeitos de Acórdão proferido por Corte de última instância cujo recurso especial se está a interpor, por interpor ou já interposto.

a) **Por que se denomina "Medida" e não "Ação"?** Porque "na pendência do recurso" [...] "não constitui propriamente ação cautelar, mas, sim, requerimento de cautelar nesse próprio recurso - embora processado em autos diversos -, e requerimento que deve ser processado como mero incidente no recurso extraordinário em causa".

O Ministro Moreira Alves esclarece, em voto seu, "que não se aplica, no âmbito desta corte, em se tratando de Medida Cautelar relacionada com recurso extraordinário, o procedimento cautelar previsto no artigo 796 e seguintes do Código de Processo Civil, uma vez que, a propósito, há norma especial de natureza processual - e, portanto, recebida com força de lei pela atual Constituição - em nosso Regimento. Trata-se do inciso IV do artigo 21 que determina que se submetam ao Plenário ou à Turma, nos processos da competência respectiva, medidas cautelares necessárias à proteção de direito suscetível de grave dano de incerta reparação, ou ainda destinadas a garantir a eficácia da ulterior decisão da causa" (Acórdão na "questão de ordem", petição nº 2.127-4 Rio Grande do Sul , publicado no DJU 02.02.2001, Ementário nº 2017-1, citando a questão de ordem na petição 1414.).

b) **Deve se pagar custas no ajuizamento de "Medida Cautelar"?** Não. Justamente pelos motivos expostos acima é que não se paga custas na interposição do requerimento de medida cautelar nos recursos de cunho excepcionais.

10.2. MEDIDA CAUTELAR AJUIZADA COM RECURSO ESPECIAL AINDA NÃO ADMITIDO

a) **Medida cautelar ajuizada antes da interposição do recurso.** Cuida-se de casos em que há "possibilidade, em tese, de ser concedida a suspensão da execução de ato judicial, mesmo não interposto ainda o especial, *uma vez que não publicado o Acórdão*". Há essa possibilidade porque "a ser de modo diverso, não haveria tribunal competente para tutelar o direito ameaçado".(Medida Cautelar nº 488, relator: Min. Eduardo Ribeiro). (O grifo é nosso.)

Aqui estaria presente o fato de o recurso ainda não ter sido interposto e, além disto, ainda não publicado o acórdão recorrido.

O Min. Eduardo Ribeiro, citando as observações feitas pelos Ministros Gomes de Barros e César Rocha, que "presente o risco de dano irreparável, ou de difícil reparação, algum juízo há de ter competência para tutelar o direito da parte", conclui que "Se já exaurida a competência do tribunal *a quo*, forçoso admitir a daquele a quem caberá examinar o recurso cabível".

Referente a esta mesma questão o Min. Ruy Rosado de Aguiar entende que "a providência é cabível, porque as circunstâncias podem justificar a necessidade de um provimento pelo Superior Tribunal de Justiça ainda antes da publicação do acórdão na instância ordinária".(Agravo Regimental na MC nº 2607. Rel. Min. Barros Monteiro. Quarta Turma. 29/08/00.)

E no que diz respeito a pretensão do recorrente, o Ministro Eduardo Ribeiro entende que "o que se pretende, última análise, é exatamente o reconhecimento de que não houve o trânsito em julgado. Desse modo a execução será provisória".

O Min. Nilson Naves posiciona-se no sentido de aceitar a medida quando afirma: "Salutar, benfazeja e eminentemente jurídica a orientação pela admissão em tese da medida cautelar em casos tais, a saber, quando ainda não publicado o acórdão". (Medida Cautelar nº 2427. Rel. Min. Nilson Naves. Terceira Turma. 08/02/2000.)

E segue, "tratando-se de fundado receio - de dano irreparável ou de difícil reparação, ou de lesão grave e de difícil reparação -, *é lícito ao juiz determinar medidas provisórias em qualquer tempo*".

O Min. Waldemar Zveiter dá conta de que "a corte especial tem decidido nessa mesma direção, ou seja, admitir a cautelar mesmo quando não existe o recurso especial". (Medida Cautelar nº 2427. Rel. Min. Nilson Naves. Terceira Turma. 08/02/2000)

E tratando desta mesma questão, em outra oportunidade, cita o entendimento do Min. Humberto Gomes de Barros onde diz que "Verificados o perigo de Lesão irreversível e a aparência de bom direito, é irrelevante a circunstância de o recurso especial ainda não ter sido interposto ou estar à espera do juízo de admissibilidade". (Medida Cautelar nº 835. Rel. Min. Waldemar Zveiter. Terceira Turma. 05/08/1997)

No mesmo sentido manifesta-se o Min. Bueno de Souza ao dizer que "admite-se o recurso especial ainda não interposto (pendente de publicação na origem o acórdão recorrido), desde que se apresentem com nitidez o *fumus boni iuris* e o *periculum in mora*". (MC nº 1183. Rel. Bueno de Souza. Quarta Turma. 21/06/1999)

O entendimento de que existe a possibilidade de ser concedida medida cautelar, mesmo não tendo sido ainda interposto recurso especial, possui respaldo na jurisprudência do Superior Tribunal de Justiça que é pacífica quanto ao cabimento de tal medida.

É o que coloca o Min. César Asfor Rocha, ao dizer que "a jurisprudência pacífica do Superior Tribunal de Justiça admite o manejo da Medida Cautelar nessas hipóteses vez que a só e só circunstância de ainda não ter sido interposto recurso especial porque o aresto a ser atacado não foi publicado não é óbice para o conhecimento de medida cautelar promovida com a finalidade de comunicar efeito suspensivo em apelo excepcional a ser interposto". (Medida Cautelar nº 2607. Rel. Min. Barros Monteiro. Quarta Turma. 29/08/2001)

Há duas posições divergentes a esse respeito, mas, a corrente que sustenta a impossibilidade de se conceder tal medida é voto vencido, como diz o Min. Carlos Alberto Menezes Direito: "tenho resistência muito grande a conceder essas medidas liminares em medida cautelar quando não há recurso especial." e continua: "Mas, fico sempre vencido. Aqui na turma já fiquei vencido várias vezes". (Medida Cautelar nº 2427. Rel. Min. Nilson Naves. Terceira Turma. 08/02/2000)

É semelhante a situação do Min. Barros Monteiro, que fazendo ressalva ao seu ponto de vista pessoal afirma que: "em princípio, penso ser descabida a apresentação de medida cautelar perante esta Corte. Entretando, de outro lado, lembro que em precedentes também desta Turma se tem entendido diferentemente do meu pensamento". (Medida Cautelar nº 1183. Rel. Min. Bueno de Souza. Quarta Turma. 26/05/1998)

Também o Min. Bueno de Souza passou a admitir a possibilidade de concessão de medida cautelar nessas circunstâncias, face aos precedentes desta Corte, como relata ao dizer que "Cumpre anotar que recebia com certas reservas a admissibilidade de medida cautelar perante essa instância, quando sequer interposto o recurso especial ou outro afeto à competência desta Corte, entretanto, inclino-me agora a acompanhar a corrente que vem dando certo elastério a esse entendimento, firme e forte na convicção de que deve haver sempre um juízo ou Tribunal competente para prestar a tutela jurisdicional do direito tido por ameaçado". (Medida Cautelar nº 1183. Rel. Min. Bueno de Souza. Quarta Turma. 26/05/1998)

b) **Medida cautelar ajuizada depois da interposição do recurso mas antes do juízo de admissibilidade**. Trata-se de situação em que se interpõe "Medida Cautelar para conferir efeito suspensivo a recurso especial comprovadamente interposto, mas que ainda não se ache sob a jurisdição do STJ". (MC nº 207/SP. Rel. Min. César Rocha. Primeira Turma. 28/04/1998)

O caso "Constitui jurisprudência assente na Corte que não se deva prodigalizar a concessão de cautelares para comunicação de efeito suspensivo a recursos a ela destinados e desprovidos de tal eficácia. Não menos certo, também, que a medida merece abrigo quando presentes os pressupostos jurídicos do seu deferimento, especialmente quando satisfatoriamente demonstradas circunstâncias fáticas que induvidosamente podem ensejar lesão de incerta reparação". (AGRMC nº 535. Rel. Min. Sálvio de Figueiredo Teixeira. DJU 09/12/1996)

"É possível a concessão de medida cautelar, para suspender execução de decisão judicial sem trânsito em julgado. Verificados o perigo de lesão irreversível e a aparência do bom direito, *é irrelevante a circunstância de recurso especial ainda não ter sido interposto ou estar à espera do juízo de admissibilidade.*" (MC nº 1184. Rel. Min. José Delgado. Primeira Turma. 17/08/1998). Afirma o Min. José Delgado.

"A circunstância de o REsp ainda não haver passado pelo juízo de admissibilidade não torna impossível a medida cautelar". (MC nº 441/PA. Rel. Min. Humberto Gomes de Barros. Primeira Turma. 23/05/1997)

"Pode-se conferir, em caráter absolutamente excepcional, efeito suspensivo a recurso especial para garantir a utilidade e a eficácia de uma decisão que nele possa ser favorável ao recorrente, desde que presentes os pressupostos do *fumus boni júris* e do *periculum in mora*". (MC nº 136-3/SP. Rel. Min. César Asfor Rocha. 03/05/1995)

"Comprovada a interposição do recurso para Tribunal Superior, embora ainda não se ache sob a jurisdição da instância extraordinária, em princípio, não se pode afastar a possibilidade de conhecimento de medida cautelar para suspender a execução do fato recorrido, só e só porque os autos não ingressaram no protocolo do tribunal". (PETMC nº 47/SP. Rel. Min. Cláudio Santos. Terceira Turma. 28/08/1990)

Segundo o Min. Ari Pargendler "A atribuição de efeito suspensivo ao recurso especial supõe hipótese excepcional em que, sem essa providência, a sentença corre o risco de perder a utilidade; todavia, a par disso, é preciso que a *primo oculi* reconheça a relevância das razões sustentadas no recurso especial". (AGRMC nº 515, Rel. Min Ari Pargendler. DJU 02/09/1996)

Incontroversamente, em certos casos, ocorre "ausência de meios para a proteção da pretensão acautelatória, durante um lapso de tempo, pois, é certo, não poder o Juízo *a quo* atender a uma necessidade de tal natureza ante a vedação contida no art. 463, do CPC ('ao publicar a sentença de mérito, o juiz cumpre e acaba o ofício jurisdicional')". (AGRMC nº 515, Rel. Min Ari Pargendler. DJU 02/09/1996)

"Daí porque entendo deva o órgão jurisdicional *ad quem*, em situações excepcionais, no recurso especial ou extraordinário, mesmo que ainda não admitido, conhecer do pedido cautelar". (PET nº 128/PA. Rel. Min. Octávio Galloti. RTJ 112/957)

"Interposto o recurso especial, a cautelar incidental será ajuizada diretamente no Superior Tribunal de Justiça, ainda que o presidente do Tribunal *a quo* não tenha proferido juízo de admissibilidade. Inteligência do parágrafo único do art. 800 do CPC, com redação dada pela Lei nº 8.952/94". (AGRMC nº 750/SP. Rel. Min. Adhemar Maciel. Segunda Turma. 22/05/1997)

Da mesma forma, o Min. Edson Vidigal afirma que seria "sem lógica a argumentação de que a Medida Cautelar poderia ser proposta perante o Tribunal de origem [...] Se o direito foi negado pelo próprio Trigunal a quo, muitas das vezes, expressamente contrária ao entendimento deste STJ ou mesmo do STF, é utopia acreditar que esse mesmo Tribunal suspenderia a exeqüibilidade de sua própria decisão, em cautelar incidental". (MC nº 1.995/RS. Rel. Edson Vidigal. Quinta Turma. 13/11/2000)

É por esse motivo, entende o Min. Vicente Cernicchiaro, que "se interposto ou pelo menos publicado o acórdão recorrível, [...] caberia ao Superior Tribunal de Justiça apreciar a decisão para, cautelarmente, prevenir dano irreparável". (DJ de 1º/11/89)

Diz o Min. Garcia Vieira ser "possível conceder-se medida cautelar para conferir efeito suspensivo a recurso comprovadamente interposto, mas que ainda não se ache sob jurisdição do STJ". (MC nº 207/SP. Rel. Min. César Rocha. Primeira Turma. 28/04/98)

"Presentes os pressupostos do fomus boni iuris e do periculum in mora, admite-se [...] a concessão de cautelar, para comunicar efeito suspensivo a recurso especial, em atenção aos princípios da instrumentabilidade e da efetividade do processo. [...] dada a possibilidade de lesão dificilmente reparável, *independe de prévia admissão do recurso especial interposto*". (MC 298-2)

Também o Ministro César Rocha nos conduziu ao entendimento de que "A só e só circunstância de ainda não ter sido lançado o juízo de admissibilidade ou não do recurso especial no Tribunal *a quo*, não é óbice para o conhecimento de medida cautelar promovida com finalidade de comunicar efeito suspensivo ao apelo excepcional". (MC nº136-3/SP)

O Min. Humberto Gomes de Barros nos diz que "A concessão de medida cautelar, na pendência de recurso ainda não submetido ao crivo da admissibilidade, em nada interfere com o recurso".

Isso porque, segue o ministro, "a providência cautelar, na pendência do recurso especial tem mais a ver com a execução, que com o recurso pendente".(MC nº444. Rel. Min. Humberto Gomes de Barros. Primeira Turma. 30/09/1996)

Ele entende que "o que na verdade ocorre não é a outorga de efeito suspensivo ao recurso, mas a suspensão da execução. Se olharmos sob esse aspecto, não teremos nenhuma dificuldade em admitir a medida cautelar incidente quando existe decisão, ainda não recorrida, ou sob recurso ainda não admitido".

"A medida cautelar, genericamente, consoante o editado no art. 789 do CPC, para ser cabível é bastante que haja fundado receio de que uma parte, antes do julgamento da lide, cause ao direito da outra lesão grave e de difícil reparação". (MC nº 136-3/SP. Rel. Min. César Asfor Rocha. 03/05/1995)

"O poder geral da cautela do magistrado há de ser empregado com homenagem constante à responsabilidade que a Constituição entregou ao Juiz, de guardando fidelidade ao sistema e valorizando a esperança subjetiva, não impedir que o processo seja obstáculo para a proteção de direito subjetivo que apresenta, no curso da lide, cristalizado".(MC nº1.187/SP. Rel Min. José Delgado. Primeira Turma. 04/06/1998)

Ademais, "o art. 288 do RISTJ, ao admitir 'medidas cautelares nas hipóteses e na forma da lei processual', não restringe a possibilidade de promover-se essa ação para somente quando já em curso, na Corte, o Recurso Especial".(MC nº 136-3/SP. Rel. Min. César Asfor Rocha. 03/05/1995)

Em nosso sistema processual, adverte o Min. César Rocha, o jurisdicionado "não pode ficar, por momento que seja, desfalcado da prerrogativa de intentar medida cautelar, porquanto a finalidade desse procedimento está exatamente em garantir a utilidade e a eficácia de uma futura e possível prestação jurisdicional que lhe possa ser favorável".(MC nº 136-3/SP. Rel. Min. César Asfor Rocha. 03/05/1995)

Dessa forma, afirma o Min. Humberto Gomes de Barros "a concessão de medida cautelar, na pendência de recurso especial nada tem de excepcional. *Ela, na verdade, deve funcionar como regra*: verificados o perigo de lesão irreversível e a aparência do bom direito, a cautelar há de ser adotada".

Até mesmo porque, explicita o Min. Nilson Naves, "tratando-se de fundado receio - de dano irreparável ou de difícil reparação, ou de lesão grave e de difícil reparação -, *é lícito ao juiz determinar medidas provisórias em qualquer tempo*". (MC 53-7 Rel. Min. Humberto de Barros. Primeira Turma. 21/06/1995)

Entende, também, o Min. Cláudio Santos que "deva o órgão jurisdicional *ad quem*, em situações excepcionais, no recurso especial ou extraordinário, mesmo que ainda não admitido, conhecer do pedido cautelar".

"*A circunstância de o recurso especial ter passado pelo juízo de admissibilidade é indiferente*". (PMC nº 47/SP. Rel. Min. Cláudio Santos. Terceira Turma. 28/08/1990)

"A concessão de medida cautelar para emprestar efeito suspensivo a Recurso Especial tem sido tratada pela jurisprudência deste Superior Tribunal de Justiça com homenagem constante ao poder geral de cautela que a Constituição Federal outorga ao Poder Judiciário. Esse poder de cautela tem sido exercido com o máximo de prudência, sempre no sentido de atenuar o inquietante problema da influência do tempo no processo e a não permitir que o jurisdicionado fique, em determinadas situações, sem juízo a quem recorrer. Por essa razão é que o Superior Tribunal de Justiça tem admitido o deferimento de cautelar para emprestar efeito suspensivo a Recurso Especial antes da chegada do referido recurso à Corte e em outras condições extravagantes". (AGRMC 3024/RJ. Rel. Min. José Delgado. Primeira Turma. 12/09/2000)

Alguns acórdãos, porém, negam o pedido com base no exame do mérito, norteados por decisões anteriores do Supremo Tribunal Federal. Outros,(Nesse sentido, é voto-vencido o Min. Carlos Alberto Menezes Direito na MC nº 2427/DF.) ainda, são votos-vencidos, não configurando divergência jurisprudencial acerca do assunto.

O Ministro Gilson Dipp, nestes casos, decidiu negar provimento a diversas medidas cautelares, (AGRMC nº 2.390, AGRMC nº 2.742 e AGRMC nº 3.286) mas muda sua posição em votos posteriores. (Na MC nº 1.995/RS, vota com o Rel. Min. Edson Vidigal, pela concessão do efeito suspensivo ao REsp ainda não admitido.)

Também o Min. Demócrito Reinaldo, foi voto vencido ao indeferir liminar por entender que "A instauração da jurisdição cautelar no STJ pressupõe, necessariamente, e no que se refere ao conferimento de efeito suspensivo a recurso especial, que haja sido interposto e admitido, na instância de origem. Ausentes tais pressupostos, torna-se impossível a própria tramitação da medida cautelar." (MC nº 136-3/SP. Rel. Min. César Asfor Rocha. 03/05/1995. Da mesma forma, o Ministro é voto-vencido na MC nº 1.187/SP. Rel. Min. José Delgado. Primeira Turma. 04/06/1998).

Na mesma linha o Ministro Felix Fischer ao negar provimento à Medida Cautelar 2.558. (AGRMC nº 2.558. Rel. Min. Felix Fischer. Quinta Turma. 18/04/2000)

Entretanto, "se adotarmos a tese de que só é possível conferir efeito suspensivo após a admissão do recurso especial, estaremos, na verdade, condenando todos os recorrentes a verem os acórdãos recorridos serem executados. Isso porque, como é sabido, em razão do elevado número de recursos interpostos para Cortes Superiores, os presidentes dos tribunais estaduais e federais estão levando meses - às vezes mais de um ano - para proferir o juízo de admissibilidade provisório". (AGRMC nº 750/SP. Rel. Min. Adhemar Maciel. Segunda Turma. 22/05/1997)

Segundo o Min. Edson Vidigal, "seria injusto obrigar a parte sucumbente aguardar o juízo de admissibilidade do Recurso Especial para ajuizar Medida Cautelar neste STJ, mesmo porque sabemos (basta conferir os recursos que já subiram a esta Corte), entre a data da interposição do recurso e de sua admissão, em regra, vão-se 6 (seis) meses; a proteção ao direito pode, em casos excepcionais, tornar inócua". (MC nº 1.995/RS. Rel. Edson Vidigal. Quinta Turma. 13/11/2000)

"Não se pode culpar ou prejudicar a parte recorrente pela lentidão - na verdade, pela falta de meios - da Justiça".(AGRMC nº 750/SP. Rel. Min. Adhemar Maciel. Segunda Turma. 22/05/1997)

"Doutrina e jurisprudência mais recentes pregam constantemente a instrumentalidade do processo, a fim de tratá-lo como um meio, e não como um fim". (MC nº 1.995/RS. Rel. Edson Vidigal. Quinta Turma. 13/11/2000)

Por essa razão é que "O fato do recurso especial não ter recebido, ainda, juízo positivo de admissibilidade não impede a concessão de medida cautelar". (MC nº 1.187/SP. Rel Min. José Delgado. Primeira Turma. 04/06/1998)

AÇÃO CAUTELAR INOMINADA **169**

c) **Se a cautela é concedida no superior tribunal de justiça e o "juízo** *a quo***" nega seguimento ao especial?.** Se o STJ decidiu que existe o *fumus boni iuris* no Recurso Especial, não cabe ao TJ de origem inadmitir o seguimento. "Fica a Presidência do tribunal a quo impedida de negar a admissão ao recurso, quebrando a hierarquia jurisdicional". (Superior Tribunal de Justiça, Agravo Regimental em Medida Cautelar nº 2742/PR, Ministro Relator Gilson Dipp, 5ª Turma, j. 20/06/2000)

A não admissão do REsp que o STJ entendeu preencher todos os pressupostos, cria a situação de uma decisão do Tribunal de origem atacar a decisão do Tribunal Superior.

Se "o Presidente do Tribunal *a quo* não admitir o recurso extraordinário a que foi dado efeito suspensivo em medida cautelar requerida perante esta Corte, ter-se-á a esdrúxula situação de um recurso extraordinário não admitido por quem é competente para tanto continuar a ter efeito suspensivo antes de reformada a decisão de não admissibilidade, uma vez que *o despacho de não admissão na Corte de origem não tem força para reformar a concessão de cautelar dada pelo Tribunal ad quem que lhe é hierarquicamente superior*". (Superior Tribunal de Justiça, Agravo Regimental em Medida Cautelar nº 2.118 - Piauí, (1999/0104148-1) Ministro Relator Jorge Scaretzzini, Quinta Turma, j. 11/04/2000)

"Se fosse concedida a liminar para dar efeito suspensivo, pela relevância de sua fundamentação jurídica, a recurso dessa natureza ainda não admitido, a referida Presidência, em virtude da hierarquia jurisdicional, não poderia desconstituí-la com a não admissão desse recurso, ficando, assim, adstrita [...] a ter de admiti-lo". (Superior Tribunal de Justiça, Medida Cautelar nº 2.134-RJ, Relator Ministro Felix Fischer, Quinta Turma, j. 13/02/2001)

A fundamentação jurídica foi provida pelo STJ e o Tribunal *a quo* contrariaria o entendimento superior.

Mas, de fato, não é bem assim que acontece. O juízo de admissibilidade está adstrito ao poder discricionário do Presidente do Tribunal "a quo".

Não é o mesmo que acontece em casos que o recurso ainda não foi interposto. Nesses casos, os ministros somente viram a petição da medida cautelar com uma futura interposição da peça recursal. Aí, não puderam verificar os pressupostos de admissibilidade do recurso especial, não seria adequado, então, relegar a um segundo plano a função do juízo de admissibilidade e excluí-lo do rito processual. Ao contrário, faz-se aí necessário.

10.3. MEDIDA CAUTELAR AJUIZADA DEPOIS DE ADMITIDO O RECURSO ESPECIAL

A situação não enseja maiores questões, tanto no Superior Tribunal de Justiça quanto no Supremo Tribunal Federal concordam que depois de ajuizado Especial ou Extraordinário, respectivamente, cabe medida cautelar.

O Supremo Tribunal Federal mantém a posição de que somente caberá a medida após a admissão do extraordinário enquanto o Superior Tribunal de Justiça, por sua vez, como demonstrado, orienta-se por acatar medida mesmo antes de admitido ou sequer interposto o especial.

a) **Qual a duração de uma cautelar em Recurso Especial?** A cautelar em apelo extremo ou especial pode durar até o julgamento do Recurso.

b) **Por que interpor uma Medida Cautelar em Recurso Especial?** Athos Carneiro (*Recurso Especial, Agravos e Agravo Interno*. Rio de Janeiro: Forense. 2001. p. 63) revela que "normalmente, o apelo é recebido apenas no *efeito devolutivo*, CPC, artigo 542, § 2º, permitindo-se destarte, se for o caso, a execução provisória do acórdão recorrido. Todavia, em determinadas hipóteses, concorrendo os pressupostos da *aparência do bom direito* (=alta probabilidade de que o recurso venha a ser provido) e do *perigo de grave dano* ao patrimônio jurídico do recorrente enquanto pendente a inconformidade, tem sido admitida, consoante o art. 800, parágrafo único, do CPC, a concessão de liminar em ação cautelar incidental, com o objetivo de 'suspender a eficácia' do aresto impugnado".

11 Função assecurativa, inovativa e reintegrativa da Tutela Cautelar

11.1. INUTILIDADE DA CLASSIFICAÇÃO SEMÂNTICA NO ÂMBITO DA FINALIDADE PROCESSUAL

Na análise de uma ciência, é preciso ter em mente a precisão dos conceitos e sua inteligência. Muito embora alguns possam distinguir as cautelas em duas classes (conservativa e inovativa), conforme seu objetivo sobre a situação de fato, conservando ou inovando, ambas reúnem uma diferenciação puramente semântica, porque do ponto de vista jurídico-processual; onde as estruturas se vinculam ao significado lingüístico, que se relacionam entre si, investiga-se o fim para o qual a linguagem é utilizada.

O que aqui interessa é a estrita finalidade processual que é uníssona - a garantia da possibilidade de satisfação da prestação jurisdicional; inovar ou conservar, enfim, nada mais é que manter a igualdade indispensável ao processo e que o torne útil e possível.

No parágrafo primeiro do capítulo II expomos a classificação das cautelas quanto ao estado de fato como 1) inovativa, 2) conservativa, 3) reintegrativa.

Ao distinguirem-se três objetos concernentes à existência da situação jurídica, estabelece-se uma distinção classificatória.

Sem valor para a finalidade processual, a situação jurídica pode se apresentar com elementos estruturais a

AÇÃO CAUTELAR INOMINADA **173**

cuja finalidade processual a cautela se processará para *conservar*, assegurando uma situação, ou *inovar*, alterando uma situação existente (mudando o *status quo*), ou *reintegrar*, reintegrando o *status quo ante*, para impedir que prossiga a situação que inovou antes da cautela e que causa dano; assim, com a cautela, o Juízo determina o retorno ao *status quo ante*, posto que a irrelevância das distintas funções não atinge a essência da função cautelar, ainda que inove, ou conserve, ou reintegre.

A função jurisdicional cautelar requer a prevalência do equilíbrio processual. O meio com o qual chegará a esta igualdade é irrelevante, mas sob o prisma da situação jurídica, se dará por inová-la, conservá-la ou reintegrá-la.

Em outras palavras, significa que para o direito cautelar a situação jurídica, se deve manter-se, modificar-se, ou reintegrar-se não importa, só é importante que se estabeleça igualdade de *status* processual.

11.2. FUNÇÃO CONSERVATIVA

A respeito da situação jurídica, a cautela se opera para conservar, impedindo modificações que inutilizariam o processo principal. A regulamentação dada pelo direito objetivo em abstrato influi decisivamente para a declaração do direito do caso concreto cautelante. A reclamação da prestação jurisdicional para a tutela do equilíbrio processual se faz por meio de um poder instrumental coordenado à concretização dessa atividade jurisdicional (Miranda Guimarães. *Op. cit.*, p. 58), que terá função conservativa quando aquele equilíbrio se fizer prevalecer na conservação da situação substancial.

A importância fundamental é que a conservação não se faça de modo irreversível, porque, ao buscar o equilíbrio, a tutela cautelar, querendo garantir a possibilidade da prestação jurisdicional, torna flexível a declaração final àquele que o direito indicar após o ordinário trâmite processual. É claro que nem sempre é possível garantir esta pendência de estado até a decisão final, por vezes, pela própria imposição da situação que torna satisfeita a própria cautela; havendo nesses casos mais acentuada importância da análise do mérito da cautelar - a aparência do direito alegado e o perigo da demora. E cumpre ressaltar que o maior erro será tomar-se como parâmetro o carácter conservativo da cautela. Não se deve conceder cautela para manter o estado atual das coisas somente para não inovar. Ao contrário, a conservação muitas vezes é que atinge o equilíbrio, dilacerando-o.

A função conservativa somente deve ser concedida quando haja necessidade - assim como qualquer função cautelar. Não é demais voltar a afirmar que a tutela cautelar tutela o equilíbrio processual, e que ele pode ser alcançado, ou pela função conservativa, ou pela função inovativa, ou pela função reintegrativa.

Há, todavia, naturalmente uma predisposição pela manutenção do estado das coisas em abstração às suas conseqüências. Entendem alguns, que a cautela tenha sempre a função conservativa sobre o estado de fato, desviando conceptualmente a sua utilidade. E detectamos aí a sua deturpação da função conservativa e da tutela cautelar, senão porque a cautelar é uma medida enérgica. Lembre-se que, como providência excepcional, não dá audiência da parte contrária; e o uso indiscriminado e violentador das suas funções é uma transgressão ao princípio do contraditório e da igualdade processual.

Reconhecidamente nas cautelares não se pode fugir à existência de dois interesses substanciais. Um que se constitui mediatamente, e o outro que se dá imediatamente. É Calvosa (*op. cit.*, p. 272) que releva a distinção: "Se, de regra, as cautelares são preordenadas para impedir ou prevenir a transgressão ou a garantir, por quanto possível, a atuação concreta de sanção, se dá um caso em que a conexão entre medida cautelar e situação substancial é somente mediata (...) a medida cautelar é voltada a assegurar ao processo de cognição a matéria probatória, da qual o juiz deverá e poderá valer-se para a formação de seu convencimento e daí a pronúncia sobre a questão" - referindo-se a medidas de conservação de prova.

O interesse substancial, tutelado pelo direito, ao qual corresponde uma pretensão, pode ser de direito adjetivo (Cf. p. 12. Muitos admitem a existência de um direito substancial de cautela - Silva, Ovídio Baptista da. *Op. cit.*, p. 34: "[...]proteção cautelar não se liga exclusivamente ao resultado de um processo [...]"). Do mesmo modo que lhe informam duas situações substanciais, mediata e imediata. Desde que se pretenda tutela a direitos adjetivos, onde a situação substancial mediata possa ser protegida através da declaração do direito sobre uma situação imediata, alcança-se a satisfação do interesse e transmuta-se o direito adjetivo na proteção requerida.

Assim há *função assecurativa mediata* na manutenção da situação substancial mediata e há *função inovativa mediata* na sua mutação.

Contudo, imediatamente, no âmbito da tutela cautelar, haverá sempre uma função assecurativa quando se garantir o equilíbrio processual, e , por sua vez, haverá igualmente um efeito inovativo dessa situação em relação à precedente; ainda que de eficácia inovativa, ou mesmo conservativa, quanto à situação mediata. Pode-se acrescentar a isto que, mesmo voltada a cristalizar um estado de fato, haverá sempre presente um *quid novi* frente à situação anterior de transgressão (Calvosa. *Op. cit.*, p. 268-9). Calvosa mostra a inutilidade da diferenciação classificatória (*id. ibid.* p. 265; Miranda Guimarães. *Op. cit.* p. 29-31).

Nenhuma dificuldade deriva-se das funções imediatas da cautela; tampouco, devidamente identificadas, das mediatas. No processo civil argentino, por exemplo, a função conservativa mediata admite a "medida de não inovar", ou seja aquela "que atende a imobilizar uma determinada situação fáctica" (Lázzari, Eduardo Nestor de. *Medidas Cautelares.* v. 1. La Plata, Platense, 1984, p. 544. Cita Morelo: "Tem por objetivo evitar que modifique a situação de fato ou de direito existente ao momento em que se decretou"). Mas admite, outrossim, a cautela inovativa (Peyrano. *Medida cautelar innovativa.* Buenos Aires: Depalma, 1981).

11.3. FUNÇÃO INOVATIVA

A função inovativa advém da vontade de a lei preferir a justiça preventiva, esta "...mais preocupada por evitar a consumação de um dano irreparável do que ressarci-lo" (*id. ibid.* p. 55).

A tutela normativa se exprime na exigência que a situação jurídica subjetiva possa fazer exercitar e realizar com a satisfação do interesse substancial, isto implica um comportamento de acordo com o descrito normativamente. A probabilidade de uma transgressão, ou à sua configuração, de que resulte dano irreparável até que a tutela se faça sentir, dá coordenação a uma tutela cautelar a atuar na proteção da tutela jurídica. E sempre que a entrada em vigor de um novo imperativo, um novo comando, que transmute para uma nova situação de fato, haverá uma nova função, portanto inovativa, de natureza mediata, enquanto à modificação da situação cautelante faz-se presente uma inovação imediata.

11.4. FUNÇÃO REINTEGRATIVA

Advém de que a cautela busca reintegrar o estado da situação para que se mantenha a situação anterior até a decisão final. É o que se chama de o retorno ao *status quo ante.*

12 Utilidade da Tutela Cautelar em ações ordinárias

12.1. IMPORTÂNCIA DA ESCOLHA DA AÇÃO, DO PROCESSO, DO RITO A SER UTILIZADO E DOS MEIOS DE PROVA

A ação cautelar tem maior amplitude e maior utilidade que comumente se lha dá. Muitas vezes uma ação de mandado de segurança ou um *habeas data* não são o melhor meio processual para alcançar a uma pretensão mandamental que o autor intente. A escolha da ação mais adequada e oportuna é função básica do processualista. Poder jogar com os conceitos das ações, seus conteúdos e eficácias é um dos grandes trunfos do processualista.

Na Inglaterra, para o exercício da profissão de advogado, existem duas profissões jurídicas: o processualista, que se denomina de *barrister*, e o materialista, que se denomina de *solicitor*. Este apresenta a situação substancial ao processualista para que aquele indique o caminho processual mais adequado a alcançar o objetivo do cliente do seu colega, *solicitor*.

É o *barrister*, detentor da estratégia processual, que apresenta o caso perante a Corte e instrui seu colega *solicitor* sobre as provas que necessita, fazendo uma avaliação do caso através de um parecer sobre as provas do caso, *advice on evidence* (parecer sobre prova). Nesta peça extraprocessual da relação *barrister-solicitor* (processualista-materialista) é que se traça a estratégia probatória. Nenhuma relação há entre o processualista e o cliente, que é cliente do materialista. Só haverá reuniões entre o processualista e o cliente do materialista, o *solicitor*, se e somente se estiver presente o *solicitor* ou com sua autorização expressa. Isto é um conceito de Ética Profissional. Lembrando sempre que ética profissional consiste muito mais do que simplesmente um preceito Ético, é um preceito que integra as regras disciplinares dos advogados, denominados *lawyers*, expressão que integra todas as profissões jurídicas, desde que um juiz também é *lawyer*.

Dentro desta visão processual, é importante notar que a Ciência Processual alcança carácter próprio e destacado.

Daí a imprescindível conclusão de que a escolha da ação deve ser feita de maneira técnica, científica, para propiciar a precisa satisfação da parte postulante.

12.2. AÇÕES CAUTELARES ÚTEIS A PRETENSÕES MANDAMENTAIS TÍPICAS DE EFICÁCIA IMEDIATA

Ações de cunho mandamental são ações extremamente importantes. Muito embora existam alguns autores que não admitam a sua existência, Pontes de Miranda as admite. A jurisprudência e mesmo a doutrina tende a entender as ações de mandado de segurança, *habeas data, habeas corpus*, mandado de injunção, como ações mandamentais. O fato é que os que consideram a inexistência da ação mandamental consideram-na como um tipo de ação condenatória. Por um ou por outro lado, o resultado prático é o mesmo condenar a um determinado mandamento. A distinção sob o ponto de vista da função pragmática do Direito seria apenas uma discussão semiótica lingüística sem cunho lógico-jurídico.

Mas o que é notavelmente importante para o caso é que um mandado de segurança é o exemplo típico de ação mandamental. Mesmo dentre aqueles que não admitem a ação mandamental como um tipo de ação, a denominam de "ação mandamental".

Todos sabem o que é um mandado de segurança, um *writ* - uma ordem advindo de uma corte competente dirigida a determinada autoridade, seja ela judiciária, ou administrativa, ou mesmo legislativa - *of mandamus* - que determina que seja feita (positiva) ou restrinja-se de fazer (negativa). E este *writ of mandamus* requer uma situação onde a parte postulante denuncie ao Poder Jurisdicional uma situação substancial que expresse uma violação de direito líquido e certo.

Nesta exposição de fatos exige-se o que se chama de prova preconstituída e a demonstração deste direito líquido e certo, o que se entende por indiscutível.

As normas procedimentais sobre estas ações mandamentais puras, que exigem provas preconstruídas, não permitem a discussão sobre a prova nem a discussão sobre o direito. Mas essas mesmas normas procedimentais expressam o rito que prevê a iminência de dano ou sua ocorrência e, para evitar dano, abre a possibilidade de medida liminar para que seja cumprida a ordem imediatamente, tal qual na medida cautelar. Só que existem diferenças fundamentais de cunho conceptual e prático-processual.

Como a mais das vezes existem processos contra autoridades, que são urgentes, mas que apresentam fatos ainda não constituídos, uma tênue certeza e liquidez, ou de difícil caracterização - há que entender-se que o mandado de segurança é uma situação excepcional; este tipo de ação pode não ser a melhor maneira processual. Outro tipo de ação com a mesma eficácia, mas com maior amplitude procedimental, é mais adequada em determinadas oportunidades: uma ação ordinária inominada mandamental típica de eficácia imediata antecedida por uma ação cautelar inominada.

12.3. AÇÃO CAUTELAR ANTECEDENTE E AÇÃO ORDINÁRIA INOMINADA MANDAMENTAL TÍPICA DE EFICÁCIA IMEDIATA

A pretensão que encaixa em uma *ação ordinária* é imediatamente beneficiada pela amplitude da "dilação probatória", que propicia a prova de fatos que na ação de mandado de segurança exigiria uma prova preconstituída. A pretensão por ser genérica, não se encaixando nas ações nominadas pelo Código Processual, classifica-se na forma *inominada* do processo ordinário com a mesma eficácia mandamental, encerrando um mesmo objeto e uma mesma causa que seria exposta no *writ*, mas que pela oportunidade e adequação propiciada pela "dilação probatória" que o processo ordinário tem, e os *writs* não têm.

Então, a ação ordinária inominada mandamental tem a mesma *eficácia imediata* dos *writs*, destes *típica*, com a diferença fundamental de ser possível e indispensável a "dilação probatória".

Outra distinção fundamental e vantagem da ação ordinária mandamental sobre os *writs* é que sua instrução não exige certeza e liquidez, mas visa à solução de controvérsia jurídica, não de violação, não de ilegalidade, mas de decidir conflito de interesses - *jus dicere*. Não há a violência natural de uma medida como os *writs*.

Este conceito reduz um pouco mais a utilização dos *writs* e deixa o excepcional como algo raro, não como a constante. O uso mais acentuado das ações mandamentais possibilita melhores decisões, amplia a possibilidade de decisões em situações de dirimir conflito de interesses, e não apenas em flagrante ilegalidade.

A questão crucial que sempre surge quando se fala em ação mandamental em substituição aos *writs* se dá no exato momento em que há a iminência de dano ou sua ocorrência: como evitar o dano de maneira urgente e eficaz?

A resposta é simples: através das ações cautelares.

A ação cautelar é muito mais útil em um caso de urgência do que os *writs*, especialmente quando há questões fácticas envolvidas. Ações cautelares antecedentes à ação principal.

12.4. AÇÃO CAUTELAR EM CONTRASTE COM OS *WRITS*

Enquanto os *writs* trabalham com os conceitos de direito líquido, certo e prova preconstituída, a ação cautelar trabalha com "aparência do bom direito", com "perigo da demora" e com "justificação de fatos".

A começar que nos *writs* há exigência de prova plena preconstituída, e na cautela a prova plena não pode ser sequer falada, fala-se em justificação. Fatos expostos devem trazer uma "justificação", porque a prova de certeza se requer após, lá no processo principal.

E aí, a doutrina e a jurisprudência afastam os conceitos de justificação e de prova preconstituída. Nos *writs* a prova preconstituída exigida é plena, mas, pela certeza e liquidez de direito, não haverá discussão sobre fatos, apenas direito. Já na ação cautelar, exige-se que tão-só exista a justificação, não se pode falar em prova de certeza em processo cautelar.

Porque o "bom direito" não significa a "melhor doutrina" ou a "jurisprudência dominante", mas apenas "bom". "Bom" é tudo aquilo que algum juiz, sem violar a lei, dentro do exercício de sua livre convicção, proveria à parte com decisão favorável à sua pretensão. Vê-se que os *writs*, aqui, se distanciam um pouco mais das cautelas, no momento exato que líquido e certo é a expressão de que a violação dessa certeza e liquidez provoca uma ilegalidade e só nesse caso há o cabimento do *writ*. Isto significa que em ausência de certeza e liquidez, em um *writ*, mesmo frente a um "bom direito", não será cabível a pretensão dentro desta ação, dentro desse *writ*.

AÇÃO CAUTELAR INOMINADA **183**

Então, "bom" é o que é dominante, mas inclui também o que não é dominante, o que é "razoável interpretação de lei", que a Súmula 400 do Supremo Tribunal Federal fala, da Súmula 343, que fala em "interpretação controvertida em Tribunais". Nestes casos, a jurisprudência e a doutrina processual explicam que as decisões que interpretam razoavelmente a lei não dão vazão a um recurso excepcional (especial, revista ou extraordinário). A interpretação de uma lei é razoável quando não viole a lei. Não há violação de lei quando a interpretação dada por um tribunal seja controvertida por outro ou pelo mesmo tribunal (quando não é cabível a ação rescisória).

Neste exato momento temos que os conceitos de "bom direito", "razoável interpretação de lei" e "interpretação controvertida nos tribunais" encerram o reverso da moeda em que o antipólo é a certeza e liquidez. Cabe ação cautelar quando a pretensão está dentro de uma situação de conflito de interesses que não esteja presente a certeza e liquidez, enquanto cabe o *writ* no momento exato em que se apresente um direito bom, razoável e até mesmo controvertido. Se, sem violar direito líquido e certo, estiver presente a possibilidade de dano face a perigo iminente ou dano ocorrendo, e houver um direito bom, razoável, e houver o perigo de que, durante o lapso de tempo em que a ação tramitar, a sua eficácia se tornar ameaçada, então haverá que ser concedida cautela.

O que é notavelmente importante destacar é o fato de que não é a melhor doutrina ou a jurisprudência dominante que faz o direito "bom", mas sim a sua razoabilidade, que seja razoável e/ou controvertido nos tribunais, que um julgador exercendo a sua livre convicção possa decidir a favor da pretensão exposta pelo requerente. Por isso a moderna corrente tem se orientado em que o Juiz de Primeiro Grau ou de Segundo Grau, após sentença em sentido contrário, no mérito, mantenha uma liminar contra sua própria sentença, porque ... (Perrone de Oliveira, Jorge Alcebíades. *Liminares e Cau-*

telares. Porto Alegre: Livraria do Advogado, 1991) por saber que sua decisão poderia ser reformada e, como juiz, saber que a sua função é garantir o acesso a todos os graus de jurisdição e fazê-los eficaz. Missão constitucional de um Juiz.

É neste sentido que, ao contrário de usar um *writ*, como um mandado de segurança ou um *habeas data*, torna-se mais próprio, em determinadas circunstâncias, utilizar-se de uma ação cautelar inominada (ou mesmo nominada) antecedente (ou mesmo incidente) a uma ação ordinária inominada mandamental típica de eficácia imediata. Que tem o mesmo efeito quanto à pretensão, porém com meios procedimentais mais eficazes e mais adequados à oportunidade processual e à estratégia do conflito de interesses entre a parte requerente e aquela reputada como resistente da satisfação do interesse, que ocupa o pólo passivo da relação processual. Por esse interesse substancial é que se leva o sujeito ativo ao interesse secundário, de propor o pedido, pedindo tutela ao poder jurisdicional, para declarar o direito do caso na oportunidade precisa e no local competente.

13 O Mandado de Segurança e o novo Agravo com efeito suspensivo

"A admissibilidade do uso do mandado de segurança, para atacar ato de natureza jurisdicional, foi fruto, como não se ignora, de prudente construção pretoriana" (Ministro Eduardo Ribeiro. "Jurisprudência Brasileira". 163/135)

13.1. QUANDO USAR O MANDADO DE SEGURANÇA

Nós sempre ponderamos que o mandado de segurança não deve ser usado contra juiz para substituir um efeito que a lei aparentemente não fornecia, porém, cuja ação de cunho emergencial possuía. O mandado de segurança não é um substituto de recurso, e o seu uso em processo deve ser restrito.

Por ser uma construção jurisdicional, "tem que ser examinada, nos seus desdobramentos, com a necessária cautela para não se terminar por subverter o sistema de recursos previsto na lei e, mais que na lei, na Constituição" (Ministro Eduardo Ribeiro. Ibid.)

Daí o rigorismo quanto aos requisitos do mandado de segurança, principalmente para evitar que ele "seja utilizado em substituição ao sistema de recursos estabelecidos pelas leis processuais" (Ministro Cláudio Santos. Ibid. 136)

AÇÃO CAUTELAR INOMINADA **187**

Então, os Ministros do Superior Tribunal de Justiça esclarecem que no mandado de segurança devem ser examinadas duas questões: uma questão constitucional, que é o exame da legalidade do ato atacado. E do outro lado, a do dano, que é um requisito originado da construção jurisprudencial porque "admite-se o uso do mandado de segurança apenas para evitar o dano irreparável ou de difícil reparação quando o recurso previsto em lei não propicia remédio eficaz" (Ministro Eduardo Ribeiro. Ibid. 135).

O Ministro Carlos Velloso esclarece a questão do uso do mandado de segurança no voto que proferiu no julgamento do recurso ordinário e mandado de segurança que foi convertido de recurso especial para a forma ordinária e levava o nº RESP 1507-SP (89121049), Jurisprudência Brasileira, 163/147.

Diz o Ministro que o mandado de segurança "é uma ação que tem pressupostos constitucionais" e que eles estão inscritos na Constituição, o que equivale a dizer "direito líquido e certo" e "ato de autoridade ilegal ou abusivo de poder" (Ibid.). Se estes pressupostos ocorrem "adquire o sujeito direito subjetivo à ação de mandado de segurança".

O Ministro Carlos Velloso explica que esse uso do mandado de segurança conjugado ao agravo de instrumento se dá pela interpretação do artigo 5º, inciso II (nota de rodapé nº 18 - citar o artigo) da Lei 1.533 de 1951. Porque na Lei, lá no artigo 5º, inciso II, estabelece-se que não cabe mandado de segurança quando se tratar de ato judicial em sentido formal e material que seja passível de recurso ou correição, e que na interpretação deste artigo a jurisprudência atenuou a restrição da lei.

É por isso que se a decisão judicial é passível de recurso com efeito suspensivo, não se deve falar em mandado de segurança. E aqui a explicação do Ministro deixa a questão muito simples: "a uma, porque, se interposto o recurso com efeito suspensivo, o ato deixaria de ser operante e exeqüível, não haveria lesão. A duas, porque, se o recurso deixar de ser interposto, a matéria preclui".

Então, fica bem claro numa situação em que existe a necessidade de mandado de segurança frente à falta de efeito suspensivo. Mas o que ocorre na prática é que às vezes não há o que suspender; a parte não pleiteia uma suspensão, mas, na verdade uma inovação que o juiz de primeiro grau não concedeu, e que a decisão teria sido omissiva em relação ao que deveria determinar.

13.2. O QUE É SUSPENSÃO E, PORTANTO, O QUE É EFEITO SUSPENSIVO?

Uma decisão se dá em relação a situação de fato existente. A decisão pode inovar no estado de fato, alterando, com o seu teor, a situação existente ou dizer que a situação está certa e, portanto, omitindo decidir de maneira a inovar nessa situação de fato.

No caso em que a decisão inova e se apresenta um recurso com efeito suspensivo, isto quer dizer que o efeito do recurso conserva a situação do fato, impedindo que o efeito inovativo produzido pela decisão prevaleça na situação de fato até haver a confirmação ou não pelo juízo de segundo grau. Isso se dá para que possa ser garantido o efeito devolutivo numa decisão judicial. O que acontecia antes da lei atual é que só nas decisões terminativas é que havia esse efeito suspensivo, e só nas decisões terminativas, portanto, é que o efeito devolutivo tinha total expressão, pela suspensividade que esse tipo de recurso carregava consigo.

A lei, naquela época, não proporcionava às decisões interlocutórias a garantia de que a devolução se podia dar caso estivesse presente um dano com a inovação provocada pela decisão do juiz. Se o dano fosse muito grande a ponto de tornar ineficaz a própria ação ou o próprio recurso, a parte não tinha escolha, e a decisão de primeiro grau tornaria ineficaz o efeito devolutivo.

Consciente dessa situação, consciente de que o juiz tem um poder cautelar geral que é genérico e que atua em todas as áreas e certo de que o juiz deve garantir a igualdade do *status* processual, as partes passaram a se utilizar de uma medida constitucional em uma ação própria contra um ato ilegal, que na verdade visava a dar efeito suspensivo ao agravo. Então, o mandado de segurança era justamente usado em concomitância ao agravo de instrumento porque o agravo de instrumento não tinha o efeito suspensivo.

Antes da nova lei do agravo, que alterou o Cód. de Pr. Civil, quando se apresentava uma decisão que fosse passível de recurso e ele não tivesse efeito suspensivo, a jurisprudência estabelecia como requisito a interposição deste recurso. E o estabelecia como requisito porque não houvesse ocorreria a preclusão da matéria, com a qual não se poderia discutir. E é por isso que se exigia o agravo de instrumento.

O outro aspecto a ser analisado, lembra o Ministro Carlos Velloso, é que deve haver a possibilidade de dano irreparável ou de difícil reparação exsurgente da decisão atacada. A matéria não pode estar preclusa e da decisão deve resultar a possibilidade de dano irreparável ou de difícil reparação (JB 163. p. 149)

É o que já dizíamos em nossa obra "A Tutela Cautelar em Procedimentos Inominados", página 55: "é certo que o juiz deve balancear as conseqüências de sua decisão, e é seu dever, também, garantir a utilidade do processo.

> "A utilização por si só do mandado de segurança estaria explicada e justificada. Todavia existem mais características de dano ocasionado pela atitude da parte contrária do que o ato judicial cuja ilegalidade se daria conseqüencialmente, posto que a decisão deixaria a situação à contingência das coisas, sujeitas a interferência das forças naturais ou da vontade do homem. Mais adequado é, pois, a

reclamação da providência jurisdicional para dar garantia ao equilíbrio processual. A decisão agravada tem concomitante uma incidente ação ao processo principal dirigida diretamente ao juiz *ad quem*, para que tutele cautelarmente".

Uma decisão pode inovar ou não, conforme o seu teor. Quando a decisão inova, ela modifica o estado dos fatos, ou seja, modifica o *status quo* da situação substancial. Uma decisão que inova pode sofrer recurso. Um recurso pode ter efeito suspensivo e/ou efeito devolutivo. Há recursos que não têm efeito suspensivo, mas os recursos têm efeito devolutivo. O efeito devolutivo é uma garantia de que o segundo grau ou a instância extraordinária poderá rever com eficácia a questão, modificando-a. Se a decisão por qualquer motivo inova de maneira a alterar a situação de fato, definitivamente, existe um efeito que suspende a decisão a qual se recorre para evitar que o cumprimento imediato da decisão torne inútil ou ineficaz a discussão no tribunal *ad quem*. Contudo, existem mais características de dano originados de uma decisão.

É certo que o juiz deve balancear as conseqüências da sua decisão e é seu dever, também, garantir a utilidade do processo. Por outro lado, o juiz tem direito a sua livre convicção e o que ocorria antes da lei do agravo é que o juiz, ainda que convicto, sofria uma ação de mandado de segurança, com todas as conseqüências de um mandado de segurança, com todas as conseqüências de um ato ilegal de sua parte quando simplesmente usava de sua livre convicção de um ato de consciência dentro da discrição que a lei lhe permite para decidir. Acontece que a situação premente pela urgência e pela falta de efeito no recurso das decisões interlocutórias determinava essa anomalia processual. Isto veio a ser sanado pela nova lei.

Nestes casos em que o juiz usava da sua livre convicção, a nossa opinião era de que não cabia mandado de segurança. A expressamos no livro "A Tutela Cautelar e Procedimentos Inominados", p. 53, e no livro "Medidas Cautelares" (Fabris, p. 107). Lá dizíamos que várias são as decisões que podem acarretar dano irreparável à parte, de acordo com o fato gerador do desequilíbrio que venha a desestimular o prosseguimento do feito ou do recurso por parte do sujeito ou pela proporção do dano que causará ou pela inutilidade da providência jurisdiscional.

A inadequação da decisão pode decorrer da ilegalidade da decisão do juiz ou da atitude da parte em relação a esta decisão. Portanto, duas são as origens da necessidade de uma medida urgente em virtude de uma decisão judicial; quando essa decisão do juiz é suficiente por si só para retirar o efeito devolutivo e não puder ser suspensa pela inexistência de suspensividade do recurso, e o meio impugnativo for recurso ordinário meramente devolutivo; assim, resta apenas o mandado de segurança para enfrentar a violação de direito líquido e certo, fornecendo àquele recurso a suspensividade necessária, porque aqui é o ato do juiz que causa o dano e é mais apropriado lhe direcionar a providência pois é parte legítima da relação processual, é a pessoa obrigada a satisfazer o interesse, portanto, é o pólo passivo.

Ao longo do desenvolvimento da doutrina cautelar se tem debatido muito o uso abusivo do mandado de segurança como meio de emprestar efeito suspensivo ao agravo de instrumento, ainda porque, a mais das vezes, não é suspensividade de efeito, é sua eficácia que o recorrente pleiteia.

Percebemos a coincidência de idéias do Supremo Tribunal com o que havíamos expressado em nosso livro, no ano de 89, "Medidas Cautelares", na página 108, de que o uso discriminado de mandado de segurança contra ato de juiz que somente decidiu com base na sua própria convicção, não apenas viola o princípio de sua livre convicção como todo o sistema processual. É exatamente o que o Ministro Cláudio Santos e o Ministro

Eduardo Ribeiro advertem, de que não se pode substituir o sistema de recursos previsto na lei.

Então se vê que o caráter de suspensividade é meramente conservativo quanto à situação precedente. Aí quando a situação inova, e o efeito suspensivo conserva a situação precedente, impedindo que o efeito inovativo gerado pela decisão prevaleça. E, nos casos onde o prejuízo ocorrer com a conservação, a tutela jurídica propende a inovar. De sorte que na lei anterior não havia recurso que englobasse em si esse efeito, somente a cautela tinha esse efeito e podia, sem violação aos princípios processuais, conceder o caráter inovativo quanto à situação precedente, seja em que processo fosse.

O rito do agravo esquecia, mas a jurisprudência não, de que podia haver uma situação de urgência, ainda que o juiz corretamente exercesse a sua função jurisdicional, sem violar a lei. E aqui se usava a ficção de que o juiz praticara um ato ilegal, quando na verdade estava usando a sua livre convicção. É aqui que sugeríamos que não se usasse o mandado de segurança, mas sim a ação cautelar concomitante ao agravo de instrumento.

Essa idéia é aceita pelo Superior Tribunal de Justiça, perceba-se isso no Recurso Especial 387-MG, *in* JB 165/104. A alta Corte concorda que "diante de situação excepcional comprovada é puramente admissível a concessão de liminar para emprestar efeito suspensivo ao recurso especial" , e esclarece que isso é precedente da Corte Superior. Em despacho deferindo a medida liminar, o Ministro Garcia Vieira, no Recurso Especial nº 109-RS, despacha: "ocorrendo o perigo de demora e o *fumus boni iuris*, concedo a liminar para autorizar a requerente a continuar a fazer os seus depósitos em juízo e suspender a exigibilidade do crédito tributário".

Ao invés do mandado de segurança, em um caso desses, sempre foi mais aconselhável se interpor a ação cautelar, e aí essa ação cautelar poderia emprestar efeito suspensivo ao recurso que não tem. Aliás, esse é o objetivo da medida cautelar.

Hoje, essa questão fica resolvida de maneira parcial, só em relação à suspensividade é que existe a possibilidade de o agravo de instrumento suprir essa função. Quando a decisão do juiz inovava e essa inovação se dava pela sua livre convicção, se impetrava mandado de segurança. E havia outras circunstâncias pelas quais também se impetrava mandado de segurança, na qual o juiz também usava de sua livre convicção, quando o juiz deveria decidir a ponto de inovar e não inovava. Muitas vezes se pede uma decisão que inove no estado de fato, se não inovar no estado de fato haverá um dano irreparável ou de difícil reparação.

De onde se originam duas questões: uma, em que o juiz é o obrigado a conceder a liminar sob pena de violação de direito líquido e certo, e no outro em que tem livre convicção para dar ou recusar conceder a medida. Quando a parte pedir que o juiz inove, e o juiz usar de sua livre convicção, deve a parte entrar com medida cautelar se dessa decisão decorrer dano. Quando o juiz tiver de decretar e não o fizer, caberá mandado de segurança. Hoje, com o advento do Agravo com efeito suspensivo cabe o agravo, já que a maioria da jurisprudência admite a suspensividade em sentido amplo, ou seja, o seu efeito ativo.

13.3. COMO SE SABE SE O JUIZ ESTÁ INOVANDO E SE ESSA INOVAÇÃO É LEGAL OU ILEGAL

Por exemplo, se o juiz, usando da sua livre convicção, decide retirar a guarda do pai passando-a para a mãe, numa decisão interlocutória, e a mãe irá viajar para o exterior, onde o pai nunca mais poderá ver as crianças, por si só já caracteriza uma situação de dano iminente e irreparável.

Mas o juiz usou da sua livre convicção, e a sua decisão acarreta o dano irreparável, porque o Tribunal poderá ter outra opinião, lá poderá reverter a decisão.

Resulta que a opinião do Tribunal poderá ser ineficaz se a mãe for para o exterior, e o pai nunca mais puder ver os seus filhos.

Logo essa livre convicção do juiz não pode e não deve ser punida pelo mandado de segurança. Nesse caso havia uma situação de fato, o *status quo*, de que o pai estava com as crianças, a decisão do juiz inovou no estado de fato, e a falta de um recurso suspensivo impedia que o pai, sem o uso do mandado de segurança concomitante ao agravo, pudesse garantir a eficácia do seu recurso e, portanto, a expressão do efeito devolutivo.

Ora, é aí que sugeríamos que o uso mais adequado era o do agravo de instrumento concomitante a uma ação cautelar que dá efeito suspensivo ao agravo de instrumento em lugar do mandado de segurança, porque não há nenhuma ilegalidade do juiz. Mas aqui havia essa ficção, de dar-se efeito suspensivo pelo agravo de instrumento, era uma prática muito forte.

Se a parte não requeresse que a guarda ficasse com a mãe, e o juiz simplesmente, de sua cabeça, concedesse a guarda para a avó materna, retirando-a do pai, é lógico que o juiz, ele mesmo, diretamente, é que estaria praticando um ato de abuso, um ato ilegal. Hoje as situações mudaram, quando o juiz inova no estado de fato, toda essa inovação, se causar o dano, poderá ter seus efeitos suspensos se o relator do recurso entender assim.

13.4. PROCEDIMENTO DO AGRAVO

O relator recebe o recurso com o pedido de suspensão. Percebam que agora o agravo de instrumento vai direto ao Tribunal, para evitar justamente o uso de dois processos. Antes ia o mandado de segurança e o agravo de instrumento. Entrava-se com o agravo de instrumento no primeiro grau, pegava-se uma cópia do agravo e entrava-se com ela com mais um mandado de segurança no Tribunal.

Hoje a lei simplificou, entra-se no Tribunal com um processo só, o agravo de instrumento com um pedido de suspensão de efeitos. Antes, aguardava-se o julgamento do mandado de segurança, e, posteriormente, mais o julgamento do agravo, que poderiam ou não ser julgados simultaneamente, muitas vezes não eram, primeiro julgava-se o agravo e depois julgava o mandado de segurança, quando chegava a vez de julgar o *writ*, ele estava prejudicado.

O novo rito do agravo traz uma grande economia processual, entra-se com o recurso e pede-se a liminar para suspender a decisão. Tem-se um recurso com efeito suspensivo.

Aquilo que o Ministro Carlos Velloso dizia, isto exclui o uso do mandado de segurança porque "se interposto o recurso com efeito suspensivo, o ato deixa de ser operante e exeqüível, não haveria lesão".

Resta saber o seguinte: o mandado de segurança não deve mais ser usado ou existe alguma situação que exija o uso do mandado de segurança ainda que a decisão tenha efeito suspensivo? Ou se deve utilizar a ação cautelar concomitante ao agravo de instrumento? E em que circunstância seria necessária essa utilização?

A jurisprudência tem se orientado a aceitar o uso do agravo de instrumento com efeito suspensivo em sentido estrito e amplo, ou seja, efeito ativo.

13.5. DA SUSPENSIVIDADE EM RELAÇÃO À SITUAÇÃO SUBSTANCIAL EM CONTRAPOSIÇÃO À SUSPENSIVIDADE DA DECISÃO

É prudente fazer a distinção entre a suspensividade da decisão e a da suspensividade da situação de fato; são coisas completamente diferentes.

O que é a suspensividade da situação de fato?

A situação de fato que existe é o que se chama de *status quo*. A decisão judicial sob o aspecto da situação de fato pode conservar ou pode inovar o *status quo*. Se a situação inova o *status quo*, então a decisão é uma decisão inovativa cuja pretensão que resiste a sua inovação tem um caráter conservativo, e esse caráter conservativo pretende suspender essa decisão.

O efeito suspensivo da decisão tem caráter conservativo do *status quo*, ou seja, mantém a situação de fato.

A suspensão de que fala a nova lei do agravo, que alterou o artigo 527 do CPC e está especificada no inciso II, "o relator (...) poderá atribuir efeito suspensivo ao recurso..." dá à expressão *"efeito suspensivo"* o mesmo significado do efeito suspensivo para os demais recursos para a apelação?

Então, quando se tem uma ação judicial e se pede uma decisão que inove e a decisão não inova, omite-se em relação à inovação, esse efeito suspensivo é imprestável para acolher a pretensão da pessoa que pede a inovação e não recebe, porque se o juiz não inova, o estado de fato se mantém. O recurso não terá o que suspender, porque supõe que se dê caráter suspensivo, e suspenderá o quê? Nada. Não alterou, logo, não suspende. Teria de ter efeito ativo.

Se poderia ainda argumentar que há uma decisão solicitada ao juiz em uma ação cautelar, por exemplo, em que a parte pede a conservação do estado de fato através de uma ordem que o juiz proíba a outra parte de inovar no estado de fato. Sem a decisão, a parte poderia inovar no estado de fato, porque a situação estaria deixada à contingência das coisas, sujeitas à interferência das forças naturais ou da vontade do homem ou da parte contrária. E o pedido requer do juiz a manutenção do *status quo* pela proibição de inovar no estado de fato. Por exemplo, a parte tem em posse títulos de crédito de uma relação negocial frustrada. Nessa relação negocial frustrada, se esse suposto credor que tem o título for discutir com o suposto devedor, esse dito devedor poderá lhe opor a falta de causa e, certamente, esse credor perderá o processo.

Então, ele procura se desfazer desses títulos e passá-los a um terceiro, e esse terceiro, se de boa-fé, contra ele não vai se poder opor nada. E isso é um prejuízo iminente que a parte tem um justo receio de que aconteça. Então ela pede ao juiz para buscar e apreender esses títulos, que circulariam. Há a probabilidade de que circulariam, isto tornaria ineficaz uma ação de anulação de título que tem como causa a inexistência do negócio ou a frustração do negócio, e isso alcança a circulação do título, impede que o título circule.

Se o juiz se omite em conceder a cautela, ele, automaticamente, está permitindo que o título circule. A parte não tem como saber o momento exato para impedir a circulação. Se soubesse, a parte poderia ir ao Juiz e dizer que o título está circulando e que se deve impedir que a circulação se opere. Mas o que ocorre é que quando a pessoa souber, a circulação já se operou e já não mais vai poder se opor. Essa circunstância de circulação precisa ser obstaculizada antes de o título circular, e, portanto, não quando o dano já tiver ocorrido. A ação cautelar é justamente para evitar que o dano ocorra.

Se o juiz não concede essa cautelar, ele está inovando no estado de fato ou ele está conservando o estado de fato?

Há dois âmbitos no estado de fato. Um, os títulos estão em posse do credor e, no segundo âmbito, o credor pode fazer circular, não o fez. A situação de fato não se alterou, mas pode se alterar. Dentro da situação de fato está a possibilidade da inovação do estado.

O que o juiz pode fazer é proibir inovar ou permitir que inove. A decisão do juiz não deixa margem a uma terceira posição: ou ela permite que a parte inove, ou não permite que inove. Pelo lado da decisão judicial, se o juiz der uma prestação positiva, a parte requer que essa prestação positiva que determina a proibição de inovar seja suspensa, mantendo o *status quo* do segundo âmbito, o *status quo* de poder circular. Nesta questão não se fala no *status quo* de que o título está na mão do credor, mas sim, de que pode inovar.

13.6. SUSPENSIVIDADE E *STATUS QUO* EM SENTIDO AMPLO E EM SENTIDO ESTRITO

Então há a possibilidade de requerer a suspensividade dessa decisão, porque toda a vez que a prestação é positiva, pode-se suspender esse ato positivo por agravo de instrumento com efeito suspensivo. Mas o problema está na questão de o que deve fazer a parte que obtiver uma prestação negativa do juiz. O juiz indefere a liminar que pede a proibição de inovar; juiz omite a prestação positiva, portanto, dá uma prestação negativa dizendo que não proibirá inovar.

Se não proíbe inovar, permite inovar.

E aí permite que o *status quo* seja alterado, permite que o título circule. Sob um ponto de vista sintático, em ambos os casos há a manutenção do *status quo*, um em sentido estrito, o outro em sentido amplo.

O *status quo* é a situação do fato, qual o fato existente hoje? A posse está com o credor. Em sentido amplo aquilo que o credor puder fazer, ou seja, o credor poder circular o título engloba o *status quo em sentido amplo*, ou seja, uma situação que permite a possibilidade de alterar aquilo que hoje existe, é a possibilidade de alterar o *status quo em sentido estrito*, aquilo que sucede.

A possibilidade é um *status quo* que não ocorre, mas pode ocorrer. Então o juiz prefere decidir pelo *status quo amplo*. Na outra decisão, o juiz prefere manter o *status quo estrito*, alterando o *status quo* possível.

Então, se não há decisão, a parte teria o *status quo* possível que poderia alterar o *status quo em sentido estrito*. Com a prestação positiva, preserva-se o *status quo estrito* e impede-se o *status quo possível ou alterável*, proíbe-se um *status quo alterável*. Para prestação negativa não se *garante o status quo estrito* e se garante o *status quo* possível, o *status quo alterável*. A decisão pode ter um recurso, a parte que se inconforma poderá pedir um recurso. E a pergunta que se faz, se o efeito for suspensivo, suspende o quê?

A decisão de alguma forma está permitindo alterar a situação substancial apesar de não haver diferença entre o que ocorria e o que hoje está a ocorrer com a negativa na prestação. A suspensão da decisão impede a modificação no estado de fato porque, queira ou não queria, a decisão esclarece uma situação, ainda que interlocutória. Logo, essa situação, se não impede a circulação, permite a circulação. Se ela permite a circulação, a suspensão dessa sentença faria com que o título não pudesse circular. Esse é um caso que embora aparentemente não tenha o que suspender, à análise mais apurada, percebe-se que há o que suspender. Então esse é um caso em que cabe o agravo de instrumento e cabe o efeito suspensivo ao agravo, não se precisa usar de medida cautelar e não se precisa utilizar de mandado de segurança. Mas, alguns preferem chamar de efeito ativo; dar ao agravo o efeito ativo.

13.7. EXTENSÃO DO CONCEITO DE SUSPENSIVIDADE. EFEITO SUSPENSIVO *LATO SENSU* E *STRICTO SENSU*.

Agora, quando a decisão não altera o estado de fato, ela, se suspensa, não tem o que suspender. Mas na verdade para evitar a ineficácia do processo principal, ela precisaria de uma inovação. Quando a parte precisa inovar, o efeito suspensivo não é suficiente, e o agravo é necessário para não precluir a matéria. Aqui, o que falta ao agravo não é apenas o efeito suspensivo, eis que o efeito suspensivo não é suficiente para garantir o efeito evolutivo. Falta-lhe efeito ativo.

Só uma interpretação que desse extensão mais abrangente ao conceito de suspensividade; até seria aconselhável que no agravo de instrumento se desse um conceito mais amplo ao efeito suspensivo. Porque o efeito devolutivo precisa ser preservado, e não o seria com efeito suspensivo em sentido estrito.

Se a amplitude do conceito de suspensão fosse em sentido estrito, então, com a nova lei, não se estaria excluindo de todo a utilização do mandado de segurança ou da ação cautelar, numa decisão interlocutória.

Temos que entender que isso também aconteceria numa apelação, mas só que na apelação já existe uma prestação jurisdicional definida, é certo que precisa da integridade da devolução, mas a eficácia da ação estaria preservada, mas não teria a eficácia da devolutividade, são coisas distintas.

Num, houve a prestação jurisdicional e houve a decisão de um juiz. No outro, não houve a decisão do juiz e o que se pretende é a devolução e também se pretende a eficácia da própria ação. No outro, a eficácia da ação já ocorreu, o que se pretende é tutelar apenas a devolução quando a decisão final já foi dada.

Neste caso em que o efeito suspensivo seja encarado nos mesmos termos em que o efeito suspensivo é para a apelação, qual seria a solução? A solução não se altera no momento atual, precisa-se de mandado de segurança ou da ação cautelar. Quando estão presentes o *fumus boni iuris* e o *perigo da demora*, e a ação cautelar devidamente ajuizada, o que se pede é a tutela cautelar, e o juiz tem que olhar pela ótica da aparência do bom direito, não do melhor direito. Mas sim de um direito razoável, que, ainda que ele não viesse a decidir assim, seria razoável que outro Tribunal decidisse, seria uma decisão boa, ainda que não a melhor; seria um caso em que o juiz, ainda que contrário a essa tese, perceberia que se um outro julgador viesse a proferir a sentença, e o tribunal confirmasse ou lá fosse mudada nesse teor, não seria violação de lei e não seria aceito recurso

AÇÃO CAUTELAR INOMINADA **201**

especial, porquanto a decisão seria compreendida como razoável interpretação de lei.

Se esta possibilidade ocorresse, e isso facilmente se provaria com jurisprudências no sentido do caso, no sentido da apreciação do direito, haveria esse bom direito, aparente, e houvesse o perigo da demora com fatos apenas justificados, certamente o juiz ao não dar a liminar estaria ele violando direito líquido e certo.

O Juiz Amir José Finocchiaro Sarte, Juiz de segundo grau do Tribunal Regional Federal da 4ª Região, no Mandado de Segurança 96.04.00888-3/RS esclarece que "uma liminar não é apenas um direito em si mesmo, mas também é uma inviolável garantia constitucional, razão porque se reveste de caráter imperativo para o juiz, desde que reunidos os seus requisitos ou pressupostos, constituindo-se por outro lado, um verdadeiro direito subjetivo da parte".

Como escreveu Barbosa Moreira, na consideração do *fumus boni iuris* e do *periculum in mora*: "elementos condicionantes da liminar - o juiz movimenta-se com uma certa margem de liberdade ou subjetivismo 'daí em diante, porém, sua atitude está pré-determinada. Uma de duas: ou ele atende configurados os dois pressupostos de um dever privado de conceder a liminar (infringindo a lei se não a conceder), ou não os atende configurados ambos, e tem igualmente o dever de denegar a liminar (infringindo a lei da mesma sorte caso não a denegue). A decisão não é discricionária, mas vinculada" (Ajuris. 60/14).

Essa é exatamente a perspectiva com a qual nos expressamos nos nossos livros "Ação Cautelar Inominada", p. 15, e "A Tutela Cautelar em Procedimentos Inominados", p. 53. Porque direito líquido e certo tem a parte de ver garantido seu direito de ação, que seria inutilizado pela ação da parte contrária, caso alguma medida acautelatória não fosse tomada. Por isso o remédio útil frente à aparência do bom direito e ao *fumus boni iuris* é o mandado de segurança. Mas a questão que se coloca, que é delicada, é de que se o juiz teria livre discricionaridade para apreciar o que para ele é *bom direito* e o que para ele é *perigo*, e ainda se ele teria discricionariedade para considerar justificado o processo. Assim estaríamos diante de uma questão de difícil solução. O juiz teria a discrição de entender justificado o caso, mas seria coator se não concedesse a cautela e houvesse um direito bom, aparente, concomitante ao perigo da demora no processo.

Então se entraria com mandado de segurança quando a questão não discutisse justificação dos fatos e com ação cautelar inominada quando discutisse a questão. Por isso é que seria mais conveniente se interpretar a suspensividade como abrangendo aquelas situações em que pretende inovar. É o que a escola paulista chama de efeito ativo.

13.8. EFEITO SUSPENSIVO *LATO SENSU*

E há uma explicação bem racional para interpretar-se dessa maneira: primeiro que já se fazia isso com o mandado de segurança, emprestava-se efeito suspensivo ao recurso de agravo de instrumento quando se pedia uma liminar e o juiz não concedia e nada tinha que suspender. É certo que alguns juízes não aceitavam essa situação e concediam, nesse caso, o mandado de segurança na forma direta, que é a corrente mais certa. Assim o fez a 5ª Câmara Cível do Tribunal de Justiça do Estado do Rio Grande do Sul, e fez isso na estrita confluência de idéias doutrinárias daquele voto do Ministro Carlos Velloso.

Aparentemente, ao menos avisado, pode parecer que o Tribunal está concedendo um mandado de segurança com efeito suspensivo ao agravo, até porque a parte pediu isso. Mas existem dois pedidos no mandado de segurança, um na forma direta e outro na forma indireta. Ou seja, dois objetos, objeto mediato e objeto imediato "que o objetivo imediato do mandado era o de

AÇÃO CAUTELAR INOMINADA **203**

suspensão do ato judicial lesivo ao direito da impetrante", e que o mediato "o da cassação do mesmo despacho".

Então, que a 5ª Câmara Cível do Tribunal de Justiça do Estado do Rio Grande do Sul e o Superior Tribunal de Justiça confluem na mesma orientação é bem claro. Estas Cortes não exigem o agravo de instrumento para dar-lhe efeito, *mas para provar que a matéria não está preclusa*. Assim, há a cassação na forma direta.

13.9. AGRAVO REGIMENTAL NA DECISÃO DO RELATOR QUE CONCEDE OU NEGA EFEITO SUSPENSIVO AO AGRAVO

Procedimentalmente também existem vantagens do novo agravo sobre o mandado de segurança. O Supremo Tribunal Federal entende que da decisão que decide a liminar no mandado de segurança não cabe recurso.

A lei não prevê o recurso. E essa é uma discussão muito longa entre o Tribunal de São Paulo e o Supremo Tribunal Federal.

O Tribunal de Justiça de São Paulo não aceita que não exista recurso, e a Corte Suprema não aceita o recurso porque a lei não o prevê.

Essa posição do Tribunal de Justiça de São Paulo está em divergência com a do Supremo Tribunal Federal.

O Tribunal de Justiça do Rio Grande do Sul acolhe a posição do Supremo. O antigo Tribunal de Alçada do Rio Grande do Sul não a acolhia, portanto é uma situação muito controvertida.

Por conseguinte, em alguns mandados de segurança contra ato de juiz existe recurso quando o juiz denega a liminar, que seria o agravo regimental. A parte inconformada interpõe o agravo regimental e vai para a Câmara, que deveria julgar e tem competência para isso.

A outra corrente, a do Supremo, não aceita o recurso em mandado de segurança, porque entende que não cabe nenhum recurso, nem mesmo agravo regimental.

Mas o próprio Supremo Tribunal Federal entende *que nas ações cautelares cabe o agravo regimental* porque cabe o agravo de instrumento.

Isso adviria do fato de que o mandado de segurança é uma lei especial e que não quis retirar do relator a possibilidade do controle do processo, mas na ação cautelar, sim.

Aí o que estava ocorrendo? Um conflito porque em mandados de segurança contra ato de juiz de primeiro grau, se agravava e se remetia um outro mandado de segurança contra decisão do juiz de primeiro grau. Isso fazia com que houvesse um tumulto de mandados de segurança contra mandados de segurança, fazendo com que o recurso fosse substituído pelo mandado de segurança, que o mesmo fosse usado até como recurso, quando a lei não quer recurso. Essa é uma controvérsia existente.

Por outro lado, uma terceira posição é defendida pelo Desembargador Alfredo Guilherme Englert e outros Desembargadores gaúchos que são dissidentes da maioria do Tribunal Pleno do Tribunal de Justiça do Estado do Rio Grande do Sul. Eles entendem que quem tem competência para julgar o mandado de segurança não é o relator, portanto não é o relator quem detém essa competência, é a Câmara. Se é a Câmara que detém a competência, o relator não pode ser o único a decidir, porque assim ele decidiria pela Turma ou Câmara inteira.

Veja-se a diferença existente entre o agravo de instrumento e o agravo de regimento, são recursos semelhantes, mas com finalidades processuais bem diferentes.

O Agravo de Instrumento tende a efeito devolutivo de um juízo monocrático para um juízo colegiado. E no mandado de segurança, quando o juiz decide, se vê um princípio de não-recorribilidade de um expediente que caminha do início ao fim sem a possibilidade de um recurso, mas que será decidido pelo mesmo juiz que concede ou nega a liminar. Há a identidade do juízo que,

AÇÃO CAUTELAR INOMINADA **205**

monocrático, decidirá também monocrático. Toda a petição dirigida a um juízo colegiado não será decidida por aquele julgador, mas sim pelo colegiado. A finalidade do agravo regimental não é a do agravo de instrumento, não é a devolução, mas é o pronunciamento de todo o colegiado para que se tenha um pronunciamento daqueles que devem decidir a questão. A competência, portanto, não é do relator; a competência é do colegiado, seja Câmara, Turma, seja Grupo, Seção, Pleno, etc.

Esta posição defendida pelo Desembargador Englert parece a mais correta e faz com que praticamente a posição do Tribunal de Justiça de São Paulo seja mais coerente, que é o Tribunal que realmente admite que no mandado de segurança tenha agravo regimental, assim como o Tribunal de Alçada do Rio Grande do Sul tem entendido.

O Tribunal Regional Federal da 4ª Região entende que há cabimento de Agravo Regimental em Mandado de Segurança, porque "O Regimento Interno do Tribunal Regional Federal da 4ª Região, em seu art. 181, Parágrafo 3º (redação atual), autoriza a interposição de agravo regimental contra ato do relator em mandado de segurança".

A matéria é muito bem analisada pelo relator do Agravo Regimental em Mandado de Segurança nº 91.04.10467-6-SC, do Tribunal Regional Federal da 4ª Região. O relator, Juiz Gilson Dipp, elucida que "o Egrégio Supremo Tribunal Federal, em sua composição plenária, decidiu, em 8 de março de 1.989, unanimemente, pela impossibilidade da suspensão de liminar concedida em mandado de segurança, através de agravo regimental interposto perante o mesmo órgão judicante (Recl. 249-7-SP, RT 643/183)". Naquela decisão da Corte Suprema, mencionada pelo Juiz Federal do Tribunal Regional Federal da 4ª Região, o Supremo Tribunal Federal chega ao extremo de dizer que "nulo é o acórdão do tribunal de justiça que, em agravo regimental, suspende liminar concedida, em mandado de segurança, pelo desembargador relator, posto que a competência para tanto é do presidente do Supremo Tribunal Federal".

O Dr. Gilson Dipp continua relatando que "o Colendo Superior Tribunal de Justiça, pelo voto unânime de sua 1ª Seção, também se manifestou, em 12 de junho de 1.990, no sentido de que a concessão, ou não, de medida liminar é ato afetado à livre convicção do juiz, e o despacho que nega, ou concede, referida medida liminar é de mero expediente, não sendo, portanto, recorrível (AR no Mandado de Segurança nº 405-DF, DJU 6/8/90, p. 7.314)".

E o entendimento da Turma foi o de que o Regimento Interno ao dispor que "a parte que se considerar prejudicada por qualquer decisão do Relator poderá interpor agravo regimental" e ressalta que "existe remédio apropriado a ser utilizado em relação a decisões de Relator, em mandado de segurança". Isto porque uma liminar em mandado de segurança trata sobre a "ineficácia do próprio *writ*", e o sistema processual brasileiro não deixa a um único juiz a possibilidade de retirar a eficácia do processo, caso contrário, afirma o Juiz Federal do Tribunal Regional Federal da 4ª Região Sílvio Dobrowolski que "acaso não houvesse a previsão regimental referida, o impetrante prejudicado com a denegação da liminar, poderá utilizar outro mandado de segurança, para obter atendimento ao seu direito"[...]"se o impetrante possui direito constitucionalmente assegurado à via mandamental, há de se lhe garantir que a empregue com possibilidade de êxito, por meio de adoção das medidas capazes de evitar a ineficácia da ordem judicial, que ao termo do feito venha a ser concedida".

A 4ª Câmara Cível do Tribunal de Justiça de São Paulo analisa a questão com extrema profundidade. Coloca que, a exemplo do TRF da 4ª Região, "neste Tribunal de Justiça há possibilidade de interposição de Agravo Regimental contra decisão de Desembargador que atua como preparador do mandado de segurança e para ser revista pela Câmara competente para seu julgamento. Previsto no artigo 357 do seu Regimento Interno".

"O Supremo Tribunal Federal vem se manifestando"[...]"que não se pode atacar os despachos da espécie através de Agravo Regimental (ou inominado, desde que a criação pretoriana), e sim por meio de Reclamação endereçada ao próprio Supremo Tribunal. E assim está na 'RT', vol. 612/201, quando afirma o voto do eminente Ministro Moreira Alves que "Se a legislação concernente ao mandado de segurança não o previu - ao contrário do que faz nos artigos 13 da Lei nº 1.533, de 1.951, e 4º da Lei nº 4.348, de 1.964 - e só se permite em casos absolutamente estritos, que a liminar seja suspensa por Tribunal diverso daquele em que foi ela concedida por quem é competente para concedê-la não é admissível que essa garantia do impetrado seja atacada por um remédio que sequer é de natureza legal, e remédio, esse, sem qualquer restrições"[...]"*Data venia*, a questão deve ser colocada sob outro prisma, quando não se trate de interesse público relevante"[...]"Efetivamente a Lei do Mandado de Segurança não previu nenhum recurso específico a ser endereçado para atacar despacho que nega ou concede medida liminar, a não ser nos casos dos artigos 4º e 13 anteriormente destacados, que visam sempre interesse público relevante"[...]"ao contrário, a revisão do ato do Desembargador preparador do mandado de segurança, a par de não se constituir espécie de Instância ordinária (como seria o caso de Reclamação, endereçada a Tribunal imediatamente superior), nada mais faz do que entregar ao Juiz natural do processo, isto é, a Câmara designada por sorteio na forma regimental, o reexame de ato que se reveste de larga importância no mandado de segurança, para garantia do exato cumprimento da lei e da ordem, do direito dos cidadãos que litigam, como ainda manter equilíbrio entre a manifestação do Estado Juiz e o direito das partes"[...]"Se há lesão ou indicação de sua possibilidade, colocando em risco direito líquido e certo, ou direito incontroverso, no despacho inaugural e se não cabe mandado de segurança contra o mesmo (como é sabido), não se pode nem mesmo pensar, *data venia*, no mundo do Direito, que a parte destinatária da lesão ou possível lesão de direito possa ficar no total desamparo.

"Sabe-se que nenhuma lesão de direito pode ser excluída da apreciação do Poder Judiciário, art. 153, Parágrafo 4º, da Constituição da República. Princípio amplo na Lei Maior, mas bem definido e abrangente, como é óbvio, de todos os casos"[...]"E se desde logo antecipar decisão, autorizado legalmente a fazê-lo, que seria da competência do órgão, é evidente que o faz na qualidade de julgador desse mesmo órgão. Daí porque a atividade exercida unipessoalmente pode ser controlada por meio de revisão feita pelos mais integrantes do colégio competente para a decisão definitiva. Não se trata, aí, de recurso da decisão de um Juiz de grau inferior para Juízes de grau superior. Mas de pedido (recurso inominado, 'agravinho', sem intervenção da parte contrária) dirigido ao órgão colegiado para que exerça sua competência e decida o tema que o Relator, absorvendo a competência do mesmo órgão, decidiu definitivamente" (voto do Des. Silveira Neto, Tribunal de Justiça de São Paulo, *in* LEX-TJSP 118/484).

E Seabra Fagundes complementa: "Figurando a hipótese de um julgamento proferido pelo Relator, pergunta-se: *Como, em tais casos, deixar a parte à mercê do Relator, se o objetivo precípuo do recurso, é o amplo exame da lide pelo juízo colegial?*".

Com o advento do agravo com efeito suspensivo, essa polêmica para os casos em que existe a possibilidade da suspensividade está resolvido, porque não cabe mais o mandado de segurança.

Então, toda a decisão suspensiva pode ser atacada por agravo de regimento, esse agravo regimental vai ser debatido por toda a Câmara, portanto, essa decisão tem o crivo de todo o colegiado.

Este obstáculo, que havia sido criado ao pronunciamento integral da Câmara, existia porque era um meio processual inadequado, que foi criado pretorianamente na carência do efeito suspensivo, que agora passou a existir.

Porque o agravo regimental ou agravo inominado, "agravinho", é uma garantia de todo o sistema processual é sempre perigoso que uma pessoa só decida. Todo o sistema processual brasileiro foi feito para evitar que uma pessoa só decida um caso. Sempre, no mínimo, três ou cinco são a última palavra. De todos os recursos, sempre cabe um agravo regimental, mesmo quando no recurso especial o Ministro tranque há a possibilidade de o agravo regimental levar ao conhecimento da Turma julgadora.

Portanto, essa lei é mais consentânea com o sistema processual e o sistema de recursos.

A ação cautelar também é melhor que o mandado de segurança sob o ponto de vista procedimental, não só porque não pune o juiz, mas porque ela também pode ter o agravo regimental se a liminar não for concedida.

Essa é a interpretação "unânime" do Supremo: "*cabe agravo regimental contra decisão monocrática que aprecia liminar em ação cautelar inominada*" (RTJ 154/39, Petição nº 841-AgRg - SE, Tribunal Pleno).

A Corte Suprema, que entende que não cabe agravo regimental no mandado de segurança de uma liminar não negada, entende que na cautelar cabe.

Outro aspecto importante do rito processual do mandado de segurança é o que já dizíamos em 1987, no livro "A Tutela Cautelar em Procedimentos Inominados", já na primeira edição, que a ação cautelar que pede uma liminar e tem a liminar indeferida, é uma ação com *conteúdo eficacial cautelar*, obviamente. Se ela tem *conteúdo eficacial cautelar*, o recurso contido nessa ação também tem *conteúdo eficacial cautelar*, porque o recurso está contido na ação e, portanto, tem os efeitos da ação.

Na ação cautelar, o autor pede uma providência jurisdicional com *conteúdo eficacial cautelar*. Se o réu da ação cautelar for contestar a liminar, não necessariamente a sua contestação tem um *conteúdo eficacial cautelar*, ele pode simplesmente querer discutir que a liminar não deveria ser concedida porque a situação não tem um conteúdo cautelar e, portanto, ele apenas resiste à questão. Necessariamente a sua contestação a essa liminar ou a sua inconformidade não engloba efeito cautelar.

Se a sua pretensão de resistência tiver *o conteúdo eficacial cautelar*, aí ele precisa de efeito cautelar. Ele peticionará explicando que em decorrência daquela cautelar surgiu o seu pedido com *conteúdo eficacial cautelar* e, portanto, caberia um pedido no agravo de instrumento para suspensividade. Não se chegaria ao absurdo de exigir-lhe uma nova ação cautelar, o instituto do agravo traz a suspensividade, ele facilmente poderá apresentar que existe o perigo da demora e a aparência do bom direito e que pretende cassar a liminar por razões de "cautela".

No caso de negar liminar na ação cautelar, a parte entra com o agravo e, portanto, não tem a preclusão da decisão. Entra com um mandado de segurança ou com uma ação cautelar? Se entrar com uma ação cautelar, está preservada a integridade da pessoa do juiz que muitas vezes não é a pessoa a qual se dirige a pretensão, salvo uma inovação absurda, não é o mais adequado o uso do mandado de segurança como já explanamos. E a ação cautelar precisaria de uma providência urgente no Tribunal. O agravo de instrumento com pedido de agregação de efeito suspensivo é o remédio correto. Mas se o Tribunal não tem um entendimento mais amplo do signo lingüístico *suspensividade*, se o conceito semântico permanece o mesmo, e o efeito suspensivo não é suficiente para garantir uma inovação que seja necessária? Se o Tribunal tiver um entendimento de que o efeito suspensivo do novo agravo apenas serve para conservar, mas não serve para inovar, e a parte precisa de uma inovação?

Nessa inovação seria necessário interpor uma nova medida cautelar ou mandado de segurança que acompanharia, o agravo de instrumento seria julgado sucessivo ou concomitante. Seria negar a evolução do novo agravo. Seria restaurar a velha prática do Agravo mais Mandado de Segurança.

Lá por volta de 87, no nosso livro "A Tutela Cautelar" já notávamos que a ação cautelar tem o *conteúdo eficacial cautelar*, e o agravo está contido na ação. E por se tratar de um agravo de instrumento em um ação cautelar, esse agravo pode englobar um conteúdo inovativo e já podia antes da lei do agravo, e esse conteúdo inovativo devia constar do próprio agravo, não para dar efeito suspensivo em sentido estrito, mas para inovar.

Então, hoje, entra-se com a decisão agravada dirigida diretamente ao juízo *ad quem* para que tutele cautelarmente (agregue efeito suspensivo). E se vê hoje que o que acontece com a nova lei é exatamente na mesma racionalidade que nos referíamos já há uma década.

Essa petição deve ser dirigida diretamente ao Tribunal, assim o é pela nova lei. Esse é um reclamo da jurisprudência e da doutrina que de fato, finalmente, é o que acontece.

O que ocorria antes?

Entrava-se com agravo de instrumento no Tribunal *a quo*, mas se copiava esse agravo de instrumento, repetia-se-lho num mandado de segurança e se pedia uma liminar para dar efeito suspensivo.

Hoje, o legislador percebeu isso e fez com que se passasse a interpor direto no tribunal, até porque as medidas são *inaudita altera parte*. O Tribunal recebe e depois notifica, no *juízo a quo*. É lógico que assim fica preservada até a necessidade de permanecer a medida *inaudita altera parte*, porque a pessoa pode comprovar a interposição três dias depois da interposição.

13.10. EM AÇÃO COM CONTEÚDO EFICACIAL CAUTELAR O AGRAVO TEM IGUAL CONTEÚDO EFICACIAL

Assim é que ingressa o agravo com um pedido suspensivo se houver suspensão. *É preciso compreender que o pedido inovativo não advém da lei do agravo, ele advém da eficácia da ação cautelar.* Hoje há uma melhor predisposição de aceitar isso do que voltar-se à velha prática viciada do mandado de segurança contra ato de juiz.

O juiz tem direito a sua livre convicção, não deve sofrer penalidades como se praticasse um ato ilegal quando apenas exerceu a livre convicção. Mas do outro lado, a parte tem o direito a garantir-se da tutela da devolução. Ninguém precisa sair lesado nesse conflito doutrinário.

Essa construção jurisprudencial de mandado de segurança contra ato de juiz que julgou conforme a sua consciência não estava correta, ela teve a seu valor histórico. É louvável a construção porque preenchia uma necessidade básica da garantia da devolução; percebe-se que os juízes, até sob um ponto de vista altruístico, foram bem mais conscientes do direito da parte contrária que do direito do próprio juiz.

Mas a cautela tem esse conteúdo eficacial. Então é esse conteúdo eficacial que retira esse cunho de ilegalidade do juiz, porque na verdade essa ilegalidade é teórica, não só teórica, é fictícia.

E é certo que o juiz não quer prejudicar a parte, pelo menos a maioria dos juízes, e não cometeu uma ilegalidade por interpretar a lei. Alguns casos sim, mas na maioria deles, não. E não é só no efeito suspensivo que o juiz deixa de praticar a ilegalidade, mas quando ele não inova e tem que inovar, é que as coisas se afloram. Um juiz sofre um processo como coator, quando a ação cautelar tem esse cunho eficacial. Então, da mesma forma que o agravo pode ser sustentado para se dar a suspensividade, o artigo 525, inciso II, nesse mesmo tipo de recurso pode-se ter um capítulo que decorre do conteúdo eficacial da cautelar, e porque a medida deve ser inovativa, que sem inovação haverá o perigo da demora e em face da aparência do bom direito. E o juiz poderá conviver com a sua livre convicção e o Tribunal reformar, se entender necessário, sem inquinar o juiz de coator, por isso o uso da ação cautelar, e não o uso do mandado de segurança. Exclui-se o uso do mandado de segurança para questões raríssimas e substituiu-se pelo agravo de instrumento com efeito suspensivo da Lei 9.139 e pelo conteúdo eficacial que o Superior Tribunal de Justiça entende que há admissibilidade de medida cautelar inominada para dar efeito suspensivo a recurso.

De sorte que em agravo em ação cautelar cabe requerer liminarmente que o juiz conceda liminar denegada em primeiro grau, seja porque o agravo contém o mesmo conteúdo eficacial cautelar da ação, seja porque, com a introdução da nova lei do agravo se está autorizado a interpretar a expressão lingüística "suspensivo" em seu sentido amplo, justamente pelo seu conteúdo eficacial cautelar.

13.11. INADEQUAÇÃO DO *WRIT* COMO VIA DE ATAQUE À DECISÃO DO RELATOR QUE CONCEDE OU NEGA EFEITO SUSPENSIVO A AGRAVO

Trata-se de utilização de *writ* como via de ataque a ato jurisdicional típico praticado por um dos órgãos fracionários de Tribunal. É torrencial a jurisprudência dos Tribunais entendendo que não cabe o remédio em tal hipótese, eis que não se admite o *mandamus* como instrumento de impugnação a ato estritamente jurisdicional de órgão fracionário, salvo raros casos em que se o admite para corrigir atos de mera administração do processo, a configurar *error in procedendo*.

Cuida-se, neste item, de ataque a ato jurisdicional de competência do relator que revogou liminar concedida em agravo. Clara está a utilização do mandado de segurança como sucedâneo de recurso. A parte inconformada com a decisão que nega ou concede liminar agrava. No agravo obtém ou não a suspensão. De fato, se obtém e não prospera, quando imediatamente revogada pelo relator que a proferiu.

Qual o remédio para estes casos? Resta o agravo regimental, mas alguns sugerem o mandado de segurança. Entendemos que não cabe mandado de segurança.

A nova lei do agravo criou a possibilidade de o relator agregar efeito suspensivo ao recurso, que na sua forma anterior não possuía.

Todos sabem que a parte ingressava com agravo de instrumento mais um mandado de segurança para dar efeito suspensivo ao recurso. Julgava-se mandado e agravo. Duas instruções para uma mesma causa.

A intenção da nova lei foi justamente evitar a prática reiterada de 2 processos para julgar um: agravo + mandado de segurança.

Pela antiga sistemática, também se criou a jurisprudência de que não caberia outro mandado de segurança contra ato do relator do mandado que concedera a suspensão do feito (RJTJ-RS 89/170, 94/258 e 134/224). Isto porque, como já se sabe, era comum ingressar com mandado de segurança contra o mandado de segurança, até que a jurisprudência foi desestimulando a sua prática até a extinção.

Com a nova lei, abreviou-se então o procedimento; a interposição do recurso passou a trazer em si mesmo a possibilidade de suspensão ou não da decisão *a quo*, a critério do relator, tal qual o fazia antes com o *writ*, com a vantagem de que no Agravo de Instrumento cabe Agravo Regimental da decisão do relator.

Se a tese da impetração prevalecesse, a evolução trazida pela lei teria sido inútil e, ao contrário, até pior. Por esta tese, caberia mandado de segurança contra o relator de todos os agravos de instrumento (conceda ou não a suspensividade). Antes, os mandados eram contra atos de Juiz de Direito e dirigidos à Câmara, agora serão contra ato de Desembargador ou Juiz de Alçada dirigidos aos Grupos. Teria sido esta a intenção da Lei? Teria sido de criar uma nova ficção de retirar do Grupo a decisão querida no despacho de liminar (conceder ou negar) lá do primeiro Grau?

Parece-nos que esta tese está equivocada. A solução deve ser encontrada na Câmara, e não no Grupo. A inconformidade manifestada à Câmara, e não ao Grupo.

Não acreditamos que a competência do relator deva ser retirada por *mandamus,* até porque não configura *error in procedendo,* sob pena de chegar-se à "multiplicação caótica e indefinida de vias anômalas de impugnação" (RT 134/224).

Esta tese traria uma confusão entre efeitos de liminares e estenderia a discussão ao Grupo, para depois voltar para a Câmara. Um absurdo. Por tal tese, o autor entra com uma liminar (ganhe ou perca) há recurso de agravo para a Câmara, com pedido de suspensão de efeitos (para conceder ou cassar liminar). Dessa decisão (ganhe ou perca, casse ou mantenha liminar concedida pelo primeiro grau; conceda ou não conceda liminar negada pelo primeiro grau) haverá recurso, aí não o agravo regimental, mas o que a parte escolher - com prazo de 120 dias - o mandado de segurança; aí não mais para a Câmara, mas para os Grupos. Julgado no Grupo (vencedor ou não) voltaria à Câmara. E assim todas as vezes que as partes quiserem impugnar a relação. Ela se estende como se fosse a uma instância a mais. Não é o uso de uma instância especial, mas a criação do "grupo como instância", a terceira instância - e ordinária. E qual a razão técnica disto: a inconformidade do agravado da decisão do relator.

Pior, "o mandado de segurança, postas assim as coisas, não funcionaria nem sequer como sucedâneo de recursos; funcionaria como espécie de pedido de reconsideração". Um pedido de reconsideração não ao próprio relator, também não um agravo regimental, mas um pedido de reconsideração ao "Grupo" da decisão do relator num processo de competência da "Câmara".

Na situação da antiga lei do agravo, a decisão do mandado era ainda da própria Câmara que decidiria o agravo. Mas, neste caso aqui, é o mesmo que decidirá os embargos infringentes. Mas agravo sequer tem embargos infringentes. Então qual a relação do Grupo com a Câmara na decisão do mandado e do agravo? Jurídica, nenhuma!

A única assertiva, então, é de que os impetrantes insatisfeitos com os seus insucessos em todas as instâncias requer que se lhes abram uma nova, não prevista em lei: a do Grupo, para que retorne então, depois, à Câmara.

Parece-nos que é um meio processual inadequado e falece interesse de agir. Perigoso o precedente que seria criado, praticamente o fim da economia alcançada com a nova lei do agravo.

Seria certo criar uma nova sistemática processual a transformar os "Grupos Cíveis" em "Câmara Recursal de Liminares de Relatores em Agravo"?

Bibliografia

ALVIM, Carreira. *Código de Processo Civil Reformado*, 2ª ed. Belo Horizonte: Del Rey, 1995.

ALVIM, Virgílio et alii. *Curso de processo civil*. Uberaba: Rio Grande.

AMERICANO, Jorge. *Comentários ao código de processo civil do Brasil*. São Paulo: Saraiva, 1942.

ASCENSÃO, José de Oliveira. *O direito: introdução e teoria geral*.Fundação Calouste Gulbenkian. Lisboa.1978.

BARBERO. *Diritto e legge, in estudi di teoria generale del diritto*.1959.

BARBIE, Celso Agrícola. *Do mandado de segurança*. Rio: Forense.1980.

BERMUDES, Sérgio. *A reforma do código de processo civil* 1ª ed. 2ª tiragem. Rio de Janeiro: Freitas Bastos.1995.pp. 34 e 35.

BETTI. *Interpretazione della legge e degli atti giuridici*. Milano, 1949.

BIDART CAMPOS, Gérman. *Régimen legal y jurisprudencial del amparo*.EDIAR. Buenos Aires, 1969.

CALMON DE PASSOS, J. J. *Comentários ao código de processo civil*. vol. III. Rio: Forense, 1979.

——. *Inovações no Código de Processo Civil*. Rio de Janeiro: Forense, 1995

CALVOSA, Carlo. *La tutela cautelare*. Torino: UTET, 1963.

CÂMARA LEAL, Antônio Luiz. *Da prescrição e da decadência*. Rio: Forense. 1978.

CARNAP, *Semantics*.

——. *Introducion to semantics*. Cambridge: Mass, 1948.

CARNEIRO, Athos Gusmão. *Audiência de instrução e julgamento*. Rio. Forense.1979.

——. *Recurso Especial, Agravos e Agravo Interno*. Rio de Janeiro: Forense. 2001. p. 63.

CARNELUTTI, Francesco. *Teoria generale del diriito*. Roma.

——. *La prueba civil*. Depalma. Buenos Aires: 1981.

CHIOVENDA, Giuseppe. *Instituições de direito processual civil*. São Paulo: Saraiva, 1942.

CINTRA, Antônio Carlos de Araújo; GRINOVER, Ada Pellegrini; DINAMARCO, Cândido. *Teoria Geral do Processo*. 13ª ed. São Paulo: Malheiros, 1997.

CIRIGLIANO, Rafael. *Prova civil*. São Paulo: RT, 1981.

CRETELLA Jr. *Do mandado de segurança*. Rio: Forense, 1980.

CUNHA, Francisco Arno Vaz da. *Alterações no Código de Processo Civil*. 2ª ed. Porto Alegre: Livraria do Advogado, 1995

DE LA PLAZA, Manuel. *Derecho procesal civil español*. vol. II.

DE PLACIDO E SILVA. *Vocabulário juridico*. Rio: Forense,1961.

DEL VECCHIO, Georgio. *Lições de filosofia do direito*. Coimbra: Armênio Amado, 1979.

DELLEPIANE, Antônio. *Nova teoria da prova.*Rio: A Noite, 1942.

ECHANDÍA, Hernando Devis. *Teoria general de la prueba judicial*. t.I. Buenos Aires: Zavalia, 1988. p 124.

FERRARA, Francesco. *Interpretação e aplicação das leis "in" Ensaio sobre a teoria de interpretação das leis*.

FRIEDE, Reis. *Tutela antecipada, tutela específica e tutela cautelar*, 4ª ed.Belo Horizonte: Del Rey, 1997.

GUIMARÃES, Mário. *O juiz e a função jurisdicional*. Rio:Forense,1958.

GUSMÃO , Paulo Dourado de. *Introdução a ciência do direito*. Rio: Forense, 1969.

JAUFFRET, Alfred. *Manuel de procédure civile at voies d' exécution*. Paris: L.G.D.J, 1980.

KELSEN, *General theory of law and state*. Cambridge, 1945.

KISCH. *Der Deutsch Arrestprozess*, 1914.

KLUG. *Jurische et Logik*.

LACERDA, Galeano. *Comentários ao código de processo civil*. v. VII. T.I. Rio:Forense, 1980.

LACERDA, J. Monteiro Carneiro. *Código de processo civil brasileiro*. São Paulo: Saraiva, 1941.

LÁZZARI, Eduardo Nestor de. *Medidas cautelares*. v.1. La Plata:Platense, 1984.

LEVI. *Teoria generale del diritto*.

LIEBMAN, Enrico Tulio. *Eficácia e autoridade da sentença*. Rio: Forense, 1981.

——. *Problemi del processo civile*. Nápolis : Morano.

LOPES DA COSTA. *Medidas preventivas*. São Paulo: Sugestões Literárias, 1966.

MICHELI, Gian Antonio. *Derecho procesal civil*. vol I. Buenos Aires.

MILHOMENS, Jönatas. *A prova no processo*. Rio: Forense,1982.

MIRANDA GUIMARÃES, Marco Antônio. *Justificação com fim de prova*. Porto Alegre : Sulriograndense, 1986.

——. *Ação cautelar inominada*. Porto Alegre: Sulriograndense, 1987.

——. *Ação de consignação em pagamento de quantia certa a credor determinado*.Porto Alegre: Sulriograndense, 1986.

——. *Mérito da ação cautelar*. Porto Alegre: Sulriograndense, 1986.

MIRANDA, Pontes de. *Comentários ao código de processo civil*. vol XII. Rio de Janeiro: Forense, 1976.

——. *Comentários ao Código de Processo Civil*, Tomo III, 3ª ed. Rio de Janeiro: Forense, 1996.

——. *Tratado das ações*. São Paulo: RT, 1974.

NERY JUNIOR, Nelson. *Código de Processo Civil Comentado*, 5ª ed. São Paulo: RT, 2001.

NUNES, José de Castro. *Do mandado de segurança*. Rio: Forense, 1980.

PAULA, Alexandre de. *O processo civil à luz da jurisprudência*.

——. *Código de processo civil anotado*.

PETIT, Eugène. *Tratado elemental de derecho romano*. Buenos Aires: Albatroz.

PEYRANO, Jorge Walter. *Medida cautelar innovativa*. Buenos Aires: Depalma, 1981.

——. *El proceso civil , principios y fundamentos*. Buenos Aires: Astrea, 1978.

PIETRO-CASTRO y Ferrándiz, Leonardo. *Derecho procesalcivil*.Madrid: Tecnos, 1978.

——. *Derecho concursal. Procedimientos sucessórios. Jurisdición voluntaria. Medidas cautelares*. Madrid: Tecnos, 1975.

——. et alii. *El sistema de medidas cautelares*. Pamplona, Universidade da Navarra, 1974.

PINTO FERREIRA. *Medidas cautelares*. Rio: Freitas Bastos. 1983.

——. *Teoria e prática dos recursos e da ação rescisória no processo civil*. São Paulo. 1983.

PRATA, Ana. *Dicionário jurídico*. Lisboa: Moraes, 1980.

RADBRUCH, Gustav. *Filosofia do direito*. Coimbra: Arménio Amado, 1979.

ROCCO, Alfredo. *La sentenza civile*. Milão: Dott A Giuffrè, 1962.

ROCCO, Ugo. *Tratatto de diritto processuale civile*. Torino: UTET, 1960.

SANTOS, Moacyr Amaral. *Primeiras linhas de direito processual civil*. vol. I, II e III. São Paulo: Saraiva, 1981.

SCHMIDT JR., Roberto Eurico. *O novo processo civil*. Curitiba: Juruá, 1995.p.56.

SCHREIBER, Rupert. *Lógica del derecho*. Buenos Aires: Sur, 1977.

SEABRA FAGUNDES. *Dos recursos ordinários em matéria civil*. Rio: Forense,1946.

SILVA, Ivam Hugo da. *Comentários ao regimento interno do supremo tribunal federal*. Rio: AIDE.

SILVA, Ovídio Baptista da.*Ação cautelar inominada no direito brasileiro*. Rio: Forense, 1979.

———. *As ações cautelares inominadas e o novo processo civil*. Rio: Forense, 1980.

———. *Comentários ao código de processo civil*. V. XI. Porto Alegre: LEJUR, 1985.

THEODORO JÚNIOR, Humberto. *Processo cautelar*. São Paulo: LEUD, 1978.

———. *Curso de Direito Processual Civil*. Vol. I, 19ª ed., Rio de Janeiro: Forense, 1999.

THON. *Reschtsnorm und Subjectives Rench*. Weimar, 1878.

TUCCI, Rogério Lauria. *Do julgamento conforme estado do processo*.2ª ed.Saraiva, 1982.

VESCOVI, Enrique. *Manual de derecho procesal civil*. Montevidéu: idea, 1980.

———. *Derecho procesal civil*. Montevidéu: Idea, 1974.

Índice analítico

Abrangência da ação cautelar 84
Ação cautelar antecedente 182
Ação mandamental típica de eficácia imediata 180
Ação ordinária inominada 182
Advice on evidence 179
Affidavits 142
Agravinho 209
Agravo de instrumento 88, 136, 195
Agravo Regimental 204
Amplitude da contestação 101
Amplitude da medida cautelar 132
Antecipação de tutela 39, 54, 58
Antecipação de tutela, distinta das medidas cautelares 53
Antecipação de tutela, extensão 56
Antecipação de tutela ser conhecido como medida cautelar 60
Aparência do bom direito 91
Assegurar o duplo grau 147
Atividade da decisão 116
Audiência de instrução e julgamento 113
Ausência de contestação 105
Ausência de prejuízo 89
Autonomia Técnica 85

Barrister 179
Bom direito 91

Cautela atípica 30
Cautela com dano existente 29
Cautela conservativa 29, 174
Cautela corretiva 29
Cautela definitiva 28

AÇÃO CAUTELAR INOMINADA **223**

Cautela específica 30
Cautela inespecífica 30
Cautela inovativa 29, 173, 177
Cautela *ínterim* 28
Cautela interlocutória 28, 114
Cautela mandatória 27
Cautela negativa 27
Cautela permanente 28
Cautela positiva 27
Cautela preliminar 28
Cautela preventiva 28
Cautela proibitória 27
Cautela *quia timet* 28
Cautela reintegrativa 29
Cautela satisfativa absoluta 36, 37
Cautela satisfativa direta 35, 36, 37
Cautela satisfativa imediata 35
Cautela temporária 28
Cautela típica 30
Cautela típica codificada 30
Cautela típica especial 30
Cautelar, abrangência 84
Cautelar inominada 25, 30
Cautelar nominada 25, 30
Citação 96, 112
Citação do réu 96
Coisa julgada em sentido formal 128
Coisa julgada em sentido material 126, 128
Competência 134
Competência em segundo grau e instências superiores 134, 136
Competência, instâncias ordinárias 136
Competência, instâncias superiores, recurso não-suspensivo 137
Competência, mais de um processo 135
Competência, período intermediário de tramitação 137
Competência, processo em andamento 135
Competência, relator de segundo grau 137
Competência, Tribunais Superiores 140
Conceito 16
Conceito e caráter 19
Concessão de liminar 153
Condições da ação cautelar 65
Confissão pela contestação equivocada 103
Contestação 99
Contestação da cautelar 102
Contestação equivocada 103, 105

Contestação inadequada ao processo cautelar   101
Conteúdo eficacial cautelar   212
Contracautela   97
Correição parcial   88
Correntes doutrinárias quanto ao mérito   78

Decisão *citra petita*   82, 101
Decisão *ultra petita*   82, 101
Definiendum   72
Definiens   72
Demonstração da consistência   121
Despacho judicial   111
Despacho judicial para determinação de audiência de justificação   111
Despacho liminar para concessão da liminar   111
Diferensa entre antecipação de tutela e medida cautelar   58
Dimensão pragmática do direito   81
Dimensão semântica   82
Dimensão sintática   81
Discricionaridade   14, 15
Distinção da cautelar e da principal   77
Distinção entre o uso de mandado de segurança e ação cautelar   148
Divisão das funções do Poder Judiciário   50
Divisão de função é evolução de um povo   45
Divisão de poderes   49
Divisão horizontal da competência   45
Divisão vertical da competência   45

Economia alcançada com a nova lei do agravo   215
Efeito devolutivo   147
Efeito devolutivo, evitar ineficácia   151
Efeito suspensivo   187, 189, 203, 204, 214
Efeito suspensivo a agravo   204, 214
Efeito suspensivo *latu sensu*   203
Efeito suspensivo *stritu sensu*   200
Efeitos da resposta do sujeito passivo   104
Efetivação da medida   132
Eficácia imediata   180, 182
Eficácia imediata dos *writs*   182
Equilíbrio inicial das partes   22
Error in procedendo   214
Escolha da ação   179
Estrutura conceptual   81
Evolução das doutrinas e da jurisprudência quanto ao mérito   79
Exceção substancial   101

AÇÃO CAUTELAR INOMINADA **225**

Excessiva celeridade 115
Existência de mérito 77

Falta de discordância dos fatos 101
Fumus boni iuris 32, 73, 78, 97, 96, 108, 151, 162, 170, 193, 201
Função assecurativa mediata 173
Função conclusiva 96
Função conservativa 174
Função inovativa 177
Função reintegrativa 177

Garantia do direito de ação 21
Graduação de verossimilhança 124

Habeas corpus 180
Habeas data 179, 180, 185

Impulso oficial 94
Indeferimento da liminar 112
Inexistência de merito 79, 127
Interesse processual 71
Interesse processual do processo principal 72
Interesse substancial 31
Interesse Substancial de Cautela 32
Interesse substancial imediato 35
Interesse substancial mediato 35
Interesse substancial no processo cautelar 19, 31
Inversão de rito e fórmulas 88

Juízo de admissibilidade 137
Jurisprudência dominante 183
Jurisprudência, importância da 46
Jus dicere 182
Justificação 96, 106
Justificação de fatos 96, 183
Justificar 109, 120, 121, 124, 127, 142

Lawyer 180
Legitimidade de parte 68
Limitar o que é impertinente ao processo cautelar 83
Livre convicção 21, 44, 90, 152, 182, 191, 213

Mandado de segurança 148, 182, 187
Mandamus 181, 214, 216
Meio idôneo para igualar posição processual 33
Mérito 65, 77, 81
Mérito imediato 77
Mérito mediato 77

Pedido 60, 67, 95
Pedido sobre o plano instrumental 110
Pedido sobre o plano material 95, 110
Periculum in mora 32, 60, 73, 78, 93, 108, 151, 162, 202
Perigo da demora 90
Petição inicial 93, 109
Possibilidade jurídica do pedido 67
Prescrição 133
Pretensão ao equilíbrio processual 21
Pretensão da cautelar é distinta da pretensão da principal 81
Princípio da relevância 120
Procedimento do agravo 195
Processo cautelar não é um fim em si mesmo 119
Proposição contrária aos fatos da inicial 100
Proposição contrária às conseqüências pretendidas na inicial 100
Proposição de novos fatos 100
Prova no processo cautelar 142

Reconvenção 104
Relatividade extrínseca 12, 13
Relatividade intrínseca 11, 13
Requisitos da antecipação de tutela 55
Requisitos da concessão 20
Resposta do requerido 113
Restrição da discussão em matéria cautelar 82
Reunião do processo 71, 86
Revelia cautelar 102, 105
Revogabilidade da liminar 126
Revogabilidade da sentença em processo cautelar 126
Revogação de tutela antecipada 58
Rito do processo cautelar 106
Rito e fórmulas inconciliáveis 84
Rito próprio 87, 127

Satisfação de interesses 12
Sentença 87, 114, 115, 126, 127

Síndrome de Salomão   39
Situação cautelante   36
Situação substancial   196
Solicitor   179
Solução para desigualdades processuais   84
Status processual   21
Status quo   29, 199
Status quo alterável   199
Status quo em sentido amplo   199
Status quo em sentido estrito   199
Suspensão da cautela   32
Suspensão da situação   32

Tutela cautelar   22, 29, 147, 173, 179
Tutela da devolução   147
Tutela de interesses substanciais   19

Ultra petita   82, 101
Uso abusivo do mandado de segurança   152
Utilidade do processo principal   26

Valor da causa   94, 140
Vedor   145
Verossimilhança   124
Vinculação ao processo principal   133
Visão sistemática da norma   125
Visão sistemática do caso concreto   125
Visão volitiva interna da norma   125

W*rit*   182, 214
Writ of mandamus   181
Writs   183

Índice onomástico

AGUIAR SILVA, João Carlos   130
ALLORIO   32
ALVIM, Virgílio   68
ARRUDA ALVIM   130
BARBOSA MOREIRA   80, 202
BERMUDES, Sérgio   51, 53, 56, 58
CALAMANDREI   72, 79, 80
CALMON DE PASSOS   11, 17, 57, 78
CALVOSA, Carlo   17, 22, 34, 175
CARNAP   82
CARNEIRO, Athos   79, 80, 171
CARNELUTTI   24, 72, 113
CHIOVENDA, Giuseppe   65, 72
CINTRA, Antônio Carlos de Araújo   59
CUNHA CAMPOS, Ronaldo   31, 35, 91
CUNHA, Francisco Arno Vaz da   56
DEL VECCHIO   16, 17
DINAMARCO, Cândido Rangel   52, 53, 59
DIPP, Gilson   58, 168, 206
DOBROWOLSKI, Silvio   207
ECHANDIA, Hernando Devis   134
ENGLERT, Alfredo Guilherme   205, 206
FERRARA, Francesco   116
FINOCCIARO SARTE, Amir José   202
FRIEDE, Reis   54
FURTADO FABRÍCIO, Adroaldo   138, 139, 140
GARCIA VIEIRA   56, 165, 193
GOMES NUNES, Oscar   70, 155
GRINOVER, Ada Pellegrini   59
LACERDA, Galeno   66, 79, 98, 105, 139
LÁZZARI, Eduardo Nestor   176
LOPES DA COSTA   66, 91, 94, 110, 115, 116, 130, 131, 150

MIRANDA GUIMARÃES   88, 111, 150, 151, 152, 174, 176
MOREIRA ALVES   160, 208
NERY JÚNIOR, Nelson   54, 57
OSCAR DE SOUZA, Nelson   154
PAULA, Alexandre de   86, 89
PERRONE DE OLIVEIRA, Jorge Alcebíades   184
PEYRANO, José Walter   66, 90, 91, 119, 123, 155, 177
PIETRO CASTRO y Ferrandiz   68
PLÁCIDO E SILVA   65
PONTES DE MIRANDA   32, 56, 57, 58, 180
RIBEIRO, Eduardo   160, 161, 187, 188, 193
ROCCO, Alfredo   77, 89, 130
ROCCO, Ugo   32, 33, 34, 72
SANTOS, Cláudio   164, 167, 187, 192
SANTOS, Moacyr Amaral   67, 104
SATTA, Salvatore   71, 72
SCHMIDT JÚNIOR, Roberto Eurico   52, 53
SCHREIBER, Rupert   73, 82
SCHUCH PINTO, Élvio   138
SILVA, José Faria Rosa da   42, 115
SILVA, Ovídio Baptista da   32, 35, 36, 37, 73, 79, 176
SILVEIRA NETO   209
THEODORO JR., Humberto 22, 51, 52, 59, 91, 113, 127, 130, 131, 141
TUCCI, Rogério   73
TUCHMAN, Bárbara   47
VELLOSO, Carlos   188, 190, 196, 203

Impressão:
Editora Evangraf
Rua Waldomiro Schapke,77 - P. Alegre, RS
Fones: (51) 3336-0422 e 3336-2466